Kevser Yeşiltaş

BÂTINÎ
KAPILAR

Huruf

Designed, Published and Distributed by Bookcity.Co
www.bookcity.co

Bookcity.Co

ISBN: 978-1-912311-20-0

Harfler ile var olmuş bu âlemin ışığı, yine harflerle parlayacak.

İçindekiler

Ön Söz

Yeni bir çalışma olan **Bâtınî Kapılar** kitabı, yaşamın her anında karşımıza çıkabilecek çalışmalara, öğretilere, tekniklere, kavramlara ve anlamlara açıklık getirmeyi hedef almıştır.

İslâm Dininin kutsal kitabı Kur'an-ı Kerim'de bazı Sure başlarında yer alan *harflere*, öncesiyle ve sonrasıyla bağlantısı olmadığı ve tek başına isimleriyle okunduğu için Hurûf-i Mukattaa denmiştir. Bâtınî Kapılar kitabı, **Hurûf-i Mukattaa** denilen Kesik Harfler hakkında merak edilen birçok soruya cevap niteliği taşımaktadır. Bilindiği gibi, harflerin yazı şekli, seslenen harf özelliği, isimleri ile okunuşu, alfabetik geçmişleri, harflerin kökleri, harflerin kökeni, harflerden türeyen kelimelerin içerikleri, nerede ve nasıl yer aldıkları, anlamları her biri ayrı ayrı değerlendirilmelidir. Hurûf-i Mukattaa, Harfler İlminde ayrıcalıklı bir kullanım alanına sahiptir. Harf İlminin temel kavramlarının başında geldiğini söyleyebilirim. Çünkü Hurûf-i

Mukattaa bir işarettir ve bize gizli geçitlerin, bâtın ilminin kapılarını aralar.

Bu *Mukattaa* sözcüğünün içinde barındırdığı anlam, bizi **Orijin Harflere** doğru yolculuk ettirmiştir. Harflerin, henüz *Mukattaa* olmadan önceki yeri, şekli ve anlamlarına doğru bir seyirdir bu yolculuk. İlme olan özlem ve âşk bizi bu yola sevk etmiştir. İlim öyle derin ve öyle büyük bir deryadır ki, insan ancak küçük bir damlasından haberdar olabiliyor. İşte Bâtınî Kapılar kitabı, büyük bir okyanusta, minik bir damlanın habercisi olma özelliği taşır. Fakat o minik bir damla içerisinde, büyük bir okyanus saklıdır. Bunu görebilen, işitebilenler de bu kitabı okumaya davet edildiler.

Konu Hurûf-i Mukattaa olunca, sözü daha fazla uzatmaya gerek kalmıyor. Orijin Harfleri, Kesik Harfleri, Keskin Harfleri, Harflerin çift yön etkilerini, Harfler ilmini, Harflerin Bilgeliği, Fonksiyon ve Öğretilerini öğrenmek ve açtığı gizli geçitten geçebilmek için, kişinin önce kendini tanıması da büyük önem taşıyor. Bu konuların derin anlamları, kitabın içeriğinde konu başlıkları olarak, detaylı bir şekilde aktarıldı. Harflerin engin dünyası ilme olan aşkınızın, ilme olan merakınızın ve üstün gayretlerinizin üzerine olsun.

Kevser Yeşiltaş, Mayıs 2018

Giriş

Mukattaa olarak adlandırdığımız Harfler kişinin bilinç merkezinde, bilinç üstü ve bilinçaltında ne varsa, Mukattaa Harfler de öyle tezahür eder. Bu harflerin özelliği, kişinin iç dünyasına, ruhuna ve ruhunun zenginliğine işarettir. Kısaca Hurûf-i Mukattaa harfler, her insanın ruhunda derinlerini kazar ve engin derinliklerinde bir sondaj etkisi yapar.

Her insanın, söz yerindeyse, Yüce olarak gördüğü tüm değerlere biçtiği tanım, insanın kendi iç dünyasının tanımıdır. Bu sabit midir? Elbette ki değildir. Her sorgulamada, her tahlilde an be an, gün be gün mutlaka değişecektir. Çünkü insan iç dünyasını keşf ettikçe, Kâinatı ve kendini sorgulama yönündeki bakış açısı ve Yüceliklere olan tanımları da değişir. Bu değişim, kişinin gelişiminden haberdar eder bizi. Bu tanımlar, illa ki süslü kelimeleri, iltifatları gerektirmez. Önceden tanımı yapılmış, klişeleşmiş ve anlam yüklenmiş kelimeleri tekerlemek ve tekrarlamak da değildir. Kişinin kendi iç dünyasından, ilhamından gelsin, enerjisini taşısın, yüklediği anlamlarla dopdolu olsun, kısaca insana ait olsun yeterlidir.

Böylelikle, bu kitapta birkaç örnekleme dışında herhangi bir yorum yapmadım. Öz kelimelere yer verdim. Okuyan her kişi kendi yorumunu kendi yapabilsin diye. Değerlendirmeyi okuyan kişinin takdirine bıraktım. Çünkü benim yorumum, benim zihnimi devreye alabilir. Benim duygu ve düşüncelerimi, içinde bulunduğum hal ve şartları, okuyanlara dikte ettirebilir. Bunu yapmak istemedim. İstedim ki öz cümleler, okuyanların ruhunda hoş bir yankı yapsın ve oradan gelecek olanları, yine okuyan kişi kendi yorumlasın. Böylece, okuyanların kavrayışları, paha biçilmez bir değer kazansın. Kendi kavrayışları, onların kendilerini tanımada bir rehber olsun. Ve onlara **Bâtınî Kapıları** aralasın.

Bu kitapta, harflerin anlamları üzerindeydim. Belki birkaçı kullanım alanlarını istiyor ve talep ediyor olabilir. Fakat arzu edilen tatbikat sahasında, kişiyi neler bekliyor ve sonuçları neler olabilir bunun da bilinmesinde fayda var. Özellikle de evveli hakkında bilgi sahibi olunmayan bir ilmin, ahiri de öngörülemezdir. Kayıt altına alınan her sözün, her yazıtın, kestirilemez oluşumlar yaratması da mümkün.

Bu kitapta, harflerle ilgili malzeme verildi, herkes kendi aşını, kendi beden kabında kendi pişirir. Bu, bir kayıtsızlık değil, okuyanlara değer verme ve onların düşüncelerine yönelik derin bir saygıdır. Ben pişirirsem fark yaratmaz. Okuyanları düşünmeye, kavrayışa, kavrama ve anlamlandırmaya sevk etmek gerekir ki, insanın varsa bir görevi, bu olmalıdır.

GİRİŞ

Bâtınî Kapılar kitabının, bir solukta bitirilebilecek türden bir kitap olmadığını önceden bildirmek istiyorum. Yavaş, sakin ve sessiz bir biçimde okunmasını öneririm. Zaman zaman molalar vermek yerinde olur. Çünkü konumuz Harfler. Yazdığımız her satır da, harflerden oluşmaktadır. Harflerin yarattığı muazzam etkilerin, üzerimizdeki mucizevî enerjilerini sindirerek ilerlemek daha faydalı olacaktır.

BÂTINÎ KAPILAR HURUF

Harf İlmi

Harfler bağımsız ve özgürdürler. Onları tutabilir miyiz? Asla! Belki bir süre misafir edebiliriz o kadar. Onlar daima özgür ve salınım haldedirler. Kullanılan kelimeler, bir hedefe yönlenmektedir. Bu da bir amaç içindir.

Bilinçaltı denilen depoda biriken ve hiç kullanılmayan duygu yüklü kelimeler, içlerimizde kalan kırıntılar olabilir. Onların da bizimle barışarak bizleri terk etmesi için yüzeye çıkması gerekir. Bahsettiğimiz konu güncel sohbetler değildir ve bunlar birer öğretidir aslında. Bize kendi görevimizi hatırlatır.

İşte bizlerin taşıyıcı enerjisi budur. Bilinçaltındaki depoya itilmiş, gün ışığına çıkmamış duygu yüklü kelimeler. Onlar içerilerde bir yerde duruyorsa, ne yaparsa yapsın gün gelince bir an yüz yüze gelebilir insan. Hiç umulmadık bir anda ve hazırlıksız yakalanabilir. Kolay yolu yüzleşmektir. Yapının dışına çıkmaktır. Bu insanı farklılaştırır. Yoksa okyanusun ortasında kalmış tutunmak için bir tahta parçası arıyor gibi durumlar yaşayabilir.

İnsan, bilinçaltı deposundaki enerji yüklü kelimeleri tamamen boşaltmalıdır. Yoksa okyanusta yüzemez ve yorulur. Zihnin parametreleri çok yoğun çalışır bu durumlarda. Lüzumsuzlar düşünülür. Çünkü bilinç deposunda duygu yüklü kelimeler, sürekli bir enerji yayınlar ve grizu patlamasına yakın bir durumda olur. Nedenler ve Nasıllar zihni meşgul eder. Her birini yüzeye davet etmek, gazını almak, yeniden enerji ile yükleyip salıvermek en doğrusu olacaktır.

Yüksek Bilinç Ambarı tüm insanlığın yokluğudur. Ondan haberdarızdır ama onu göremeyiz. Burada tüm Harfler sadece şekilden ibarettir. Yoklukta var olan Harfler bir gizil güç içerir. Varlık ortamında belirdiklerinde bu gizil gücün açığa çıkması, kişilerin onlara kattığı anlam ile mümkün.

Gündelik kullandığımız kelimeleri bir gözden geçirmek gerekirse: Kelimelere çağlar boyunca milyarlarca insan tarafından anlam yüklendi ve biz de o anlam yüklü cümleleri hem kendi DNA'mızdan güç alarak, hem de yüklenmiş anlamlara yenilerini yükleyerek kullanıyoruz. İşte bunlar temel kelimelerdir. Oysaki bu kitapta bahsedilen konu, Orijin Harfler. Yani hiçbir kuvve ile donanmamış, anlam yüklü olmayan kaynak Harfler. Zihnimizde o Harfleri düşünelim ve yeniden programlayalım. Orijin Harflerin, ilk çıkış noktasından yola başladığı ile tasavvur edelim. Onları şimdiki duygularımız ile donatalım ve günlük konuşmalarda kullanalım.

Bir örnek vermek gerekirse, toplumda zihinleri en çok meşgul eden bir kelime dikkat çeker. Türkçesi "Başkaları" olan, kısaca "elâlem" denilen bir kelime. Yüzlerce yıldır bu kelimeye çok fazla anlam yüklenmiş. Bu kelimenin gücü çok etkilidir ve kullanım alanlarında, çok insan çile çekmiş, aileler parçalanmış ve hatta insanlar hayatından olmuştur. Bu kelimeye yüklenen bunca anlam ile insanların kaderlerini değiştiren güç ne olabilir? Çok hassas bir prensip şöyle açıklanabilir: "Başka" diyen bir insan "başkalarına" ihtiyaç duyar hale gelir. Yaratılan başkalarına!

Başkaları diyen insan, yaratılmamıştır, başkaları dedikçe onları yaratır. Kısaca kendi yokluğundan varlığa bir enerji bütünü çıkarır ve *başkaları* kelimesiyle onlara can verir. *Yaratılan başkalarını* insan zihni yaratır ve onları vücuda getirir. Elâlem ve Başkaları denilen kelimenin aslı boştur ve böyle bir insan kümesi mevcut değildir. Bunu insan zihni yaratır. Zihinsel enerjisi ile bu kelime bütününe can verir ve hayatta kalmasını sağlar. Sürekli besler. Tüm enerjisini bu Harf bütününe aktarır ve sonuçta hayaller görmeye ve olaylar yaratmaya başlar. Ve bunu çevresindeki en yakınlarına aşılar. Onları da bu gereksiz ve tehlikeli çembere alıverir. Kısaca, kendi zihnine hapsolan birçok insan için "başkaları" ve "elâlem" kelimeleri zararlı bir silaha dönüşür. Bir kelimenin nasıl etkili olduğuna dair çarpıcı bir örnektir.

Örnekteki gibi bazı kelimeler bir aracıdır. Bir hedef için benimsetilir, plânlanır ve yaşatılır. Birçok anlam yüklenmiş kelimeler halkın kutsalı haline getirilmiştir. Onları belli bir nizama sokmak ve kontrol edebilmek amaçlı var edilmişlerdir. Zaten olan ortadadır. Bilinen her kelimeyi yeniden inşa etmek ve yeni anlamlar yüklemek gerekir. Yoksa birçok anlam yüklenmiş kelimelerin içi boş ve kurban seçilenlerin fikrindedir. Bilinçler böyle kabullendiği ve bunu yansıttığı için, iş biraz zorlaştırılmıştır. Zira sınırlanmış bir varlık bunu ancak sınırlarını zorlayarak yapabilir. İnsanın özgür ve bağımsız olduğu fikrinden uzaklaştırmak için bir kumpastır. Çünkü insanın özgürlüğü büyük bir sorumluluk ve baş edilemez bir enerji meydana getirecektir. İnsan köle ve tutuklu olmalıdır ki denge kurulabilsin ve kontrol sağlanabilsin. Oysaki insan, kelimelerle gereği neyse onu yaratır, hayatını plânlar ve yaşar.

"Başkaları" ya da "elâlem" örneğinde olduğu gibi, kelimelerin hükmettiği insanlar var. Ve kendi mekanizmalarını bu kelimelerin güçlerine teslim etmiş ve bu kelimelerin düşük enerjileri ile beslenerek yaşıyorlar. Çoğunluk böyledir. Kendinin meydana getirdiği kelimelerin yaratım gücüne değil de, var olan esir edici ve anlam yüklü kelimelerin tesiri altındadırlar. İşte onlar, ne yaptıklarını bilmez ve sonucu kestiremezler. İnsan aynı insandır. Sadece *zihinsel olarak neye teslim olmuştur* o önemlidir.

Kelimelerin esiri altında yaşam sürenler ile kelimelerin yaratım gücünü kullananlar birbirlerinden farklı özelliklere sahiptirler. Aslında dalgalanmak madde plânlarında olur. Ama onu dalgalandıran, ana cevheridir. Yani Kesik Harflerin bulunduğu kaynak. İşte o cevheri fark eden nice insanlar, bütünsel denilen ya da bütünlük diyebileceğimiz halleri kavramış ve yaşamaktadır. Onlar için yer ve gökler, aslında farklı değildir. Aynı, belki de daha da yakındır. Bizim hissediş olarak algıladığımızı onlar farklı algılar. Sınırsızlıktan konu açılınca şartlar ortadan kalkar ve şekle bağlanamayan yollar ortaya çıkar. İşte, çağlar boyunca anlam yüklü kelimelerin esaretinden kurtulanlar için bu yollar, yaşamın huzurudur.

Harf kombinasyonları masumdur. İnsanlar o kombine edilen kelimeleri öyle anlamlarla manipüle ederler ve zihinlere yerleştirirler ki, kelimeler adeta silaha dönüşür. Ve kullanım alanlarında büyük tepkisel hareketlere maruz kalınır. Buna bir önceki bölümde örnek vermiştim. Elâlem ve Başkaları kelimesiyle. İlave olarak da: Din, Peygamber, Kutsal Kitap, Mehdi, Siyaset, Futbol eklenebilir. Bu kelimelerin geçtiği mekânlarda çoğu zaman taş üstünde taş, baş üstünde baş kalmayabilir. Kullanılan mekânlarda dikkatli ve temkinli olunmalıdır. Dikkatli

HARF İLMİ

olmak harfleri kullanmaya engel olmaz, aslen bir fırsat sunar. Bu tip kelimeler, *kişilerin düşüncelerine özel* bir anlam içerir. Ve enerji yoğunlukları, kişilerin onlara, o anki yüklediği anlam ile daha da ağırlaşır. Bu kelimelerin konuları hakkında fikirler aynı ve benzer bile olsa, tezatlık ortaya çıkabilir. Bir görüş ayrılığına zemin hazırlanmış olur. Ve sonrasında da kullanıldıkları ortamlarda insanların titreşimlerini, aşağı çeken bir enerji alanı oluşur. İnsanların titreşimleri, bulundukları ortamlardaki enerji alanlarına uygun, geçici bir süreliğine, yükselebilir veya azalabilir.

Frekans aralığını yakalayabilmek ve bir geçit açabilmek için, bazı Harfler belli sayılarda tekrarlanır. Biz bunu dua okumak olarak bilsek de, aslında tekrarlanan **Harfler**dir. Açılan geçitten Onlar olarak tabir edilen Bâtının Orduları, yardıma uzanır. Bu ordular insan için ve insana hizmettedir. Doğru yönlendirilirlerse yapamayacakları iş yoktur. Yeter ki insanlık hayrına olsun. Kelimeye anlam yükleyerek sayıca tekrar etmek ve insanlık hayrına yönlendirmek mümkündür. Bu aded sorunu değil, bu *mananın* yükselişidir.

Harfler bir hediyedir insanlığa. Cümleler halinde bir mayayı aktarır. Bu mayalama işlemi yüce bir transferle olabilir. Bazı insanlar bu bilgiye taparcasına iman etmişlerdir. Çoğunluğu ise çocukça bulur. Oysa bilinmelidir ki, bilimsel çalışmalarda, iki protonun saniyenin trilyonda birin trilyonda biri kadar zamanda çarpışmasından Higgs Bozonu denilen Tanrısal Parçacık oluşur.

Harflerin anlam yüklendiği kelimeler birer anahtardır. İşe yaraması ise ancak, uygun kilit bulunursa olur. O kilit bâtıni ve zahiri birçok kapıyı aralar. İnsan hak ettiği ne ise önüne getirir ve bunu yaşar. Çaresi yoktur, yaşayacaktır. Önüne gelen, olay ya da varlık, ya da insan, bu sıfatlara bir isim vermek anlamsızdır. Her oluşum sorumluluk ister ve bedelleri vardır. Bu yüzden

Harflere anlam yüklemenin sorumluluğu insanın iradesindedir. Benim görevim sizi bu gerçeğe yönlendirmektir, inandırmak değil.

Alfabeye kodlu bir bilincimiz var. Harfler, alfabeden uzak bir yapı içeriyor. Bağlantısı var. Ama özü değil. Harfler, başlı başına bağımsız ve özgür bir varoluş. Biz dünya titreşimi etkisindeyiz ve Harfleri alfabenin birer üyesi olarak tanımlarız. Harf bir simgedir, alfabe değil. Her Harf kilitli bir kapıdır, uygun anahtarı bekleyen.

Harflerin birleşiminden oluşan kelimeler, kaynaktan bağımsız ve özgürdürler. Ayrışamazlar. Başka Harfler alarak arınamazlar. Onları bir araya getiren kaynak insan ise, bu oluşumdan insan sorumludur. Yani yarattığı kelimenin etkilerinden sorumludur. Bu sorumluluğa dikkat çekmek için Kur'anda şöyle bir tanım vardır *"temiz kelimeler O'na ulaşır"*. Ve devamında da *"temiz kelimeleri de yükselten temiz anlamlardır"* diye önemle belirtir. Bu tanımda, bir şifre gizlenmiştir. O'na kelimesi. Kesik Harflerin, Kesik olmadan önceki durumlarına geri dönüşlerinden haberdar eder bizi.

Kesik Harfleri yükselten de, insanların o Kesik Harflere yüklediği duygu, anlam ve hissedişlerdir. Burada şunu önemle belirtmekte fayda vardır: Kesik olmayan Harflerin bir koruma kalkanına sahip olduğu. Burada bir elemeden, bir süzgeçten bahsetmek mümkün. Kesik olmayan Harfler kaynağı her zaman temiz kalmalıdır ki, Kesik Harflere dönüştüklerinde temiz olarak insan zihinlerinde şekillenebilsin ve anlam bulabilsinler.

Temiz kelimeler ve güzel sözler, kaynaklarına yani henüz şekil almadıkları hallerine ulaşıyorlarsa temiz olmayan kelimeler nereye ulaşıyor? Kötü söylemler, sözler ve kelimeler eleniyorsa, nereye gidiyor?

Orijin Harfler

Kesik olmayan *Orijin Harfler*, kaynağında duran, fakat bu duruşun statik değil dinamik bir enerji olduğunu vurgulayarak, henüz şekil almamış, çizgisel değil bütünsel bir yoğunluk ile bekleyişte olduğu belirtilmişti. Kesik olmayan Harflere, **Orijin Harfler** diyebiliriz.

Orijin Harfler ancak zihinsel bir çekim ile şekillenecek ki, Kesik Harflere dönüşebilsin. Henüz şekil almamış, şekle bürünmemiş, kısaca biçim giysisi ile örtülmemiş Orijin Harfler meydana çıkmadan önce, hiçbir anlam ile yüklü değillerdir. Katıksız, som ve tertemizlerdir. Orijin Harfler, görünür olmak ve kuvvet kazanmak için önce buna ikna edilmesi gerekir ki, meydana çıkmayı kabul edebilsinler. Bu bir yetenektir. Varlığa gelmek ve yoklukta kalmak tercihi *Orijin Harflere* aittir. Her varlık gibi Orijin Harflerin de özgür iradeleri vardır. İkna olmadıkları sürece, insan zihni ile irtibata geçmezler.

Orijin Harflerden bahsederken, uzayda ve boşlukta dolaşan ve her an insan zihninde ve düşüncesinde beliren Harflerden bahsetmiyorum. Onlar zaten ikna edilmiş, şekillenmiş ve birçok insan tarafından anlam yüklenmiş ve söz olarak ağızdan çıkarak uzaya salınmış, enerji yüklü kelimeler. Oysa insandan beklenen, Orijin Harfleri ikna etmek, meydana çıkarmak, zihinde şekillendirmek ve anlam yükleyerek söze dönüştürmektir. Var olanları sürekli kullanmak değil.

Orijin, ancak varlık zihninde bir şekle dönüştüğünde Harfleri meydana getirebilir. Ondan öncesi şekilsiz bir durumdur. Harfler, birer çizgisel varlık ayırdında değildir. Sadece bütünleştirici bir düşünce ürünüdür. Bundan dolayı, harfleri anlamak için yakın hissetmek yeterli.

Bir çekim enerjimiz vardır. Harfler kombin olup bize doğru akar çoğu zaman. Durdurulamaz bir şekilde. Ve özellikle Kesik olmayanlar. Kelimeler peşinden gelir, sonra cümleler kervanı. Henüz şekillenmemiş olanlar. Çünkü onları biz şekilliyoruz. Yani Harflere biz şekil veriyor ve onlara anlam yüklüyoruz. Bu, kalıplardan kurtuluştur. Şimdi K, L, B Kesik Harfleri yazsam, bu Harflerle birçok kombinasyon oluşturabiliriz. Başına, sonuna, aralarına dilediğimiz sesli Harfi koyarak, Harfleri yer değiştirerek, birçok kelime türetebiliriz. Peki en doğrusu hangisi olurdu? Bunun gibi. İlham bize oku dediğinde bir sürü sessiz Harf vardır. O halde, bize en doğru nefesi ve en doğru kombinasyonu belirleyen nedir? Bu yüzden her insan doğuştan bir yetenekler bütünüdür.

Tüm Harfler, takip zorluğu yaşayanların bilincinde yaşarlar. Bilinçaltı hepsini kaydeder. Zamanı gelince de, bir nehir gibi bilince doğru akar. Bu yüzden zamanın önüne geçmek mümkün olmayacaktır. Bir şeyin ortaya çıkması, şekillenerek dışa vurulması zamana bağlıdır. Vakti gelmeden belirti halini almayacaktır. İnsan zamanın önünde durulamayacağını bilmelidir. Zaman, insanın hep bir adım önünde olacaktır. Ortaya çıktığında ise, farklı değişimler yaratır. Tüm Harfler, kelimeler halinde, söyleyenden akar. Kâinatın özünden gelse de, yine insanlardan akar. Hazzını da insana bırakarak. Her kelimenin bir özelliği ve çekiciliği vardır. Kelimeler zamanla hallere dönüşür. Haller yaşatır insanlara. Sonuç olarak, Harfler anlam yüklenip kelimelere dönüştüğünde onların görevi hissettirmektir ve yaşatmaktır, duyulmak değil. Tıpkı müzik gibi.

İnsan bir formdur ve aslı "Doğa"dır. Doğa, ben seni var etmedim, ben kendimi var ederim diyecektir. Bizleri ayakta tutan yaşamdır. Ancak sınırsız tevazu erdemi ile giyindik bedenimizi ve adımızı aldık. Aslımız ve özümüz her ne ise, biz de oyuz.

İşte kaynağını terk etmiş şekilsiz Harfler, bize ulaşıp şekillenirler ve biz de o sessiz şekilleri seslendirerek telaffuz ederiz. Dinleyenlerin kulaklarına doğru bir akıştır bu.

Kısaca sessiz şekillere nefes veririz ve sese dökeriz. Tabiat, sessiz şekillerle konuşur. Bunu seslendiren de insandır.

Orijin Harflerin, kaynaktan süzülüp şekillenmesi için, güçlü şekilde ikna edilmesi gerekir. Taleplinin istekli ve tutkulu olması buna bağlıdır. Kâinatta her şey çaba üzerine kuruludur.

Yaratıcı **Ol** derken fazlasıyla ikna yeteneğine sahipti ve Orijin Harfler ortaya çıkmak konusunda tereddütsüzdüler ve emri alır almaz yaratıma başladılar. Çünkü Sahip, bunun nasıl yapılacağını çok iyi biliyordu. Yoktan varlığa bir çıkış değil, aksine var olanı uyandırmak ve harekete geçirmek arzusu. İknada, çok güçlü bir haber veriş mevcut. İlk hareket, Orijin Harflere *"yaratımda özgürsünüz"* mesajı.

Peki insan da böyle bir yeteneğe sahip mi? Bu sorunun cevabını herkes kendisi verebilir.

Yaratım Ol derken varlık sıfatını kullandı. Yoksa ağzı mı vardı Ol diyecek. Varlık sıfatını da insana bahşetti. Daha doğrusu varlık sıfatı insanî idi. Biz de o insan tasarımının yansımalarıyız. Oğullar kelimesi ile kimlik bulan.

Orijin Harfler, kendi kaynaklarından yüksek voltajı ile dünyaya direkt indiğinde maddeyi ve maddî bedenleri yakıp yok eder. Bu nedenle yumuşatılmalı, sindirime uygun hale getirilmesi gerekir. Bu işlemi yapabilmesi için aracı konaklar dünyaya *oğullandırıldı.*

Hristiyanlıkta "baba-oğul-kutsal ruh" üçlemesindeki "oğul" (Latince: filii, İngilizce: son) kelimesi, İslâm kültüründe "Âdemoğulları" isim tamlamasındaki "oğul" (Arapça: benî Âdeme) kelimesi, Antik Mısır kültüründe "Güneşin Oğlu" olarak bilinen "Ra Mu" örnek verebiliriz. Fakat bu örneklerdeki *oğul* veya *oğullar* kelimelerine yüklenen "anlam" birazdan okuyacağınız konu bütünlüğünden uzaktır. Çünkü binlerce yıldır *"oğul"* kelimesine yüklenen anlam "kutsal" olduğu kadar, "put" anlamını da taşır.

Oğullar kültürü içinde yetişip hazırlananlar bu işi vazife edinirler. Zamanı gelen her çalışkan arı kovanında çıkar ve balını üretir. Buna istek duyanlara şifasını dağıtır. Bir çeşit aracı olmak da denilebilir. İslâm kültüründe en çok kullanılan "halife" kelimesi de buna dâhildir. Aracılar ekibinde yoğun olarak çeşitli kariyer plânları bulunur. Çok azı kendini ve kariyerini bilir. Çoğunluk da kendinin görevli olduğunu bilmemektedir.

Harf kombinasyonlarının gücü ve hayal ile *destekli oluşumları* kelimeleri meydana getiriyor. Ağızdan nefes ile çıkınca da sözlere dönüşüyor. Kelimenin can bulmuş halidir sözler. Sözler tıpkı oklar gibidir. Hedefini şaşırmayan oklar. Sözler, birer nokta atış ustalarıdır.

Orijinden şekillenen harflerin meydana getirdiği kelimeler, kişinin beyin organı içerisinde farklı kodları açar ve ilgili beyin/beyinler ile iletişime geçer. Ve sonra daha üst frekansta bazı merkezler ile bağlantı kurar. Aslında bunu tanımlamak kolaydır fakat bu tanım kişiyi bir cendereye sokar ve yine içinden kurtulamayacağı bir döngüye sebep olur. Kodların açılması, beyinler arası iletişim ve daha üst frekansta bazı merkezler ile kontak halinde iken zaman inanılmaz bir hız kazanır. Orijin harflerle oluşan kelimelerin gücü bu yüzden çok etkilidir. İşte bu Orijin harflerin meydana getirdiği kelimeler, güçlü birer Harf kombinlerini oluşturur.

Orijin Harf kombinleri, insan ruhundan bir amaca hizmet için zihinde şekillenir, Harf zincirleri halinde kelimeler olarak bir araya gelir, nefes ile söze dökülür. Bu Harf zincirleri yüksekleri çeken, tümsekleri düzelten, gönülleri tazeleyen oklardır.

Orijin Harfler, zihin tarafından, derin düşünce halindeyken, meditasyon yaparken, yüksek konsantrasyon ile dua ederken, huşû ile ibadet ederken ender zamanlarda kullanılabilir. Orijin Harflerin bu ender zamanlarda kullanımı çok büyük titreşimleri de harekete geçirebilir.

Zihin ve düşünce enerjileri, maddenin enerjisinden üstündür. Düşüncenin gücü, maddeyi her zaman harekete geçirir. Her ne kadar, madde üzerinde fiziksel tasarrufumuz yani etkimiz olduğunu düşünsek de, aslında çoğu kez zihinsel yani düşünce enerjisi ile hareket ettirdiğimizi unutmayalım.

Düşünme başladığı anda, beyin hücreleri denen nöronlar harekete geçer. Bu da düşüncenin madde üzerindeki yüksek etkisinden meydana gelir. Kısaca, bir eşyayı, uzaktan hareket ettirmeyi beklemek için harcadığımız zaman beyhudedir. Zaten düşündüğümüz anda, beyin nöronlarımız harekete geçtiği için, biz maddeyi düşünce gücü ile hareket ettiriyoruz. Bu konuya en iyi örnek olarak, korku hissettiğimiz anda tüylerimizin kabarması da dâhil edilebilir.

Yüksek etkileşme yani korkular, endişeler, neşe, heyecan, coşku, derin düşünce anlarında maddeye olan etkimiz daha güçlü olacaktır. Bu anlarda zihin ve düşünce ender de olsa, Orijin Harflerin enerjisini kullanır. Böylelikle bu anlarda zihnimizde şekillendirdiğimiz hayaller, yönlendirdiğimiz düşünce formları, aklımızdan geçirdiğimiz istekler, olmasını çok istediğimiz her ne varsa, gerçekleşme olasılığı yüksek olacaktır. Fakat şunu unutmamak gerekir ki, böyle anların süresi kısa olur. Eğer bu süre uzayacak olsaydı, bedene, zihne ve ruha büyük bir enerji yüklemesi olurdu ki bu da mental hasara neden olabilirdi. Zaten coşku, neşe, endişe, korkular gibi yüksek yoğunluklu enerjilerin oluşma sonrası, insanda yorgunluk ve bitkinlik oluşturabiliyor. Bunun nedeni de bedenin hassasiyetinden kaynaklıdır.

Düşüncelerimizi her an stabil, temiz ve duru tutabilmenin ne kadar hayatî önem taşıdığını unutmayalım. Böyle ender anlarda, bilinçsizce ve bilmeden kullanılan Orijin Harflerin bu yüksek enerjisi bizim yaşlanmamızın, hastalanmamızın, hayata karşı yenik düşmelerimizin nedenlerinin başında gelebilir. Ve daha da önemlisi, DNA hücrelerimize yerleşerek, bu etkileri bir sonraki nesillere, üreme ile ya da öldükten sonra toprağa karışarak ya da düşünce uzayına gönderilen düşünce parçacıklarıyla miras bırakırız.

Harflerin şaşırtıcı derecede büyülü bir dünyası var. Harfler sadece kelimeleri oluşturmuyor, yaratımın DNA'sı rolünü de üstleniyorlar. Varlıkların kader plânlarını şekillendirmede büyük payları var.

Harfler de tıpkı insanlar gibi uygar bir topluluk. Harfler de sürekli büyüyen, gelişen, tekâmül eden bir yaşam alanına sahip. Belirli bir liderleri yok, fakat düzenlerini korumakta oldukça ustalar. Kendi başlarına ve birbirleri ile haberleşerek hareket halindeler. Kusursuz salınımları, Harflerin çok önemli bir özelliği. Programlanmış gibi mekanik hareketleri yok. Daha çok, kendi özlerine sadık ve kendi enerjilerini üretebilecek güce sahipler. Kolayca uyum sağlama yetenekleri benzersiz. Dikkatli kombine edilmeli. Çünkü Harflerin bir araya getirilerek kelimeye dönüştürülmesi ve sonrasında söze dökülmesi büyük bir sorumluluk. Ve bu sorumluluk onları bir araya getirende.

Orijin Harflerin kayıtsız gibi görünen hareketleri, kullanım alanlarında etkili bir hareketliliğe dönüşebiliyor. İnsan elinde olmadan bu çeşitliliğin ve hareketliliğin nereden geldiğini anlamaya çalışıyor. Harflerin yaratıcılığına ve kaderimize olan etkilerine teşekkür etmemiz gerekir. Bu bilgilerin varlığına dair, elimizde fiziksel bir kanıt yok fakat çabalarını gözlemleyerek, varlıklarını hissetmek mümkün. İleriki zamanlarda, Harflerin yaratıcı kuvvetlerini tespit etmek mümkün olabilecek. Bu kuvvetler, tıpkı mikro âlemin yapı taşları olan atom ve atom altı parçacıkları gibi literatürdeki yerini alacak. Bizler de, bu keşif için geri sayımın başladığı, sevindirici haberi bekliyor olacağız.

Kelimeler kendilerini oluşturan harflerdir. Sözler de gelip bir yerde durur. İnsan her durakta konaklar, sonra bir diğerine geçer. Şimdi insanlık, Harfler durağında konaklamaya başlayacaktır.

BÂTINÎ KAPILAR HURUF

Kesik Harfler

Kesik Harfler, kısaca şekil almış Harflerdir. İnsan zihinlerinde resmedilirler. İnsan Kesik Harfleri, henüz Orijin iken kaynağından çekip alır ve şekillendirir. Harfler alfabe değildir. Rakam ya da çizgi de değildir. Kesik Harfler birer kapıdır. Her uygarlık, kendine özge kapıdan geçip alfabe icat etmiş. Zihninde şekillenen ortak resimleri bir araya getirerek alfabe olarak tanımlamış. Her uygarlığın alfabesi mutlaka başka bir medeniyetin kullandığı alfabeden kopyadır. Ve bu kopya alfabeye, kültürel dil sesleri de ilave edilerek bir sistem oluşturulmasıdır. Üzerinde çokça durulan kutsal sayılan Arap alfabesi bile, başka bir dilden kopya ve üzerine ilave ile oluşturulmuştur.

Orijin ve Kesik olanları tanımlamak için **Harf** kelimesi icat edilmiştir. Her dilde Harf kelimesinin mutlaka bir karşılığı vardır. Fakat önemle belirtmek gerekirse, Harf özünde Harf değildir. Tanımlı hiçbir şey değildir. O sadece kendine özge bir Orijin, bir kaynak, bir yapıdır. İnsan zihninde şekillenmesi ile ortaya çıkar ve bir sisteme oturtmak için yazıya dökülerek resmedilir. Eğer hiç resmedilmeselerdi, kelimelere bu kadar tehlikeli veya masum anlamlar yüklenmeyecek ve onların yaratım özellikleri, kaderimize yön veremeyecekti. İlk resmedilmeler mağara resimlerinde başladı ve yazı icat oldu. Bu gelişmeler de insanlığın kaderini değiştirdi. Bu yüzden Kesik Harfler çok dikkatli kullanılmalıdır.

Kesik Harfler gizil güç sahibidir. Gizil güçlerini içinde taşırlar. Gizil güce sahip Kesik Harfler ona nefes veren insan tarafından gün ışığına çıkar ve kelimeler halinde yaşamı yaratırlar. İnsan, her gördüğüne inanmak mührünü vururken, hiç aramadığına yönlenmesi böyle olacaktır. Üst perdeden yazılan kelimeler çok tesirlidir. Gelmesi uzun sürenlere, ufuksuz bir yerden gelen bir hediye gibidir.

Geniş bir alanda ve sınırsızca önüne serilen Kesik Harfler gelirler ve yerlerini bulurlar. İnsan zihninde şekillenirler ve söze dökülürler. İlk harekette, bir tetik olursa kaynağına doğru süzülürler. Böyle cümlelerle çıkılır yaşam yolculuğuna. Sözler açık kapılardır. Hem içlere hem dışlara doğru yolculuk ettirir. Ancak temiz anlam yüklü oldukları müddetçe.

Kesik Harfler, gizil güçlerini, insanın yaşamsal evrelerine göre ayarlarlar. Ve her an mesafeyi koruyarak varlıkları gözetirler. Varlıkların hallerine, yaşama bakışına, düşünce ve ruhi potansiyeline uygun, kendi öz anlamlarını sürekli kalibre ederek, varlıklara yansıtırlar.

Kesik Harflerin, kalibrasyon (ölçümleme) özellikleri olmasaydı, insana etkileri son derece dirençli, sert ve katı olabilirdi. Harflerin balyoz etkisine maruz kalmayı kimse istemez. Bu yüzden Harfleri bilinçli kullanmak ve temiz anlamlar yüklemek insanın kendisi için faydalıdır. Yoksa Harfler zaten kendi kendini yenileyen, kalibre eden muazzam bir oluşumdur. Orijinal

KESİK HARFLER

yapılarına, kaynaklarına, hakikatlerine sadık bir bilinçli toplu-
luktur. İnsanın cahilliğine yenik düşmeyecek kadar olgun, in-
sanın nefsi plânlarına alet olmayacak kadar özgür bir iradeye
sahiptirler.

Kesik Harfler, İslâm kültüründe **Hurûf-i Mukattaa** olarak
yer buldu. Kur'an'ın Kesik Harflere dikkat çekmesinin bir an-
lamı var. Bu harfler, bazı sure başlarında **isimleri** ile okunduğu
ve tek başlarına yer aldıkları için **Kesik Harfler** olarak nitelen-
dirildi. Çünkü bu harfler ne önceki harf ile ne sonraki harf ile
birleşmiyor, harf harf okunuyor ve anlamı üzerinde derin bir
gizem yaratıyor. Kısaca öncesiz ve sonrasız olan Kesik Harfler,
her ne kadar gizemini korusalar da, aslında birer cevher niteli-
ğinde. Bu harflerin incelemesini Hurûf-i Mukattaa bölümünde
çok geniş kapsamlı ele alabildim.

Kesik Harfler sadece şekilseldir. Yani henüz kelime kombini
olmamış Orijin Harftir. Bu Orijin Harfler insan nefesi, zihinsel
ve bilinçaltı organizasyonu ile bir araya gelir ve kelime oluştu-
rur. Kısaca Kesik Harfleri bir araya getirip nefesimizle vücu-
da çıkardığımız vakit onlara bir anlam yükleriz. İşte o vakit o
Harfler canlanır ve yaratıma başlar. Harflerin yaratma yetkisi
yoktur. Onlara nefes verince yaratma eylemi başlar. Ve Harf-
lerin yaratması onların özgür iradelerine bağlıdır. Yoklukta var
olan Harfler, varlıkta var oluşa nasıl erişmelidir? Bu bir çıkış
noktası, bir iz ve bir belirtidir. Tıpkı havadaki suyun kaba dol-
ması gibi, işlem gerekir. Çaba gerektirir.

Kesik Harflerin öncesizliği ve sonrasızlığının dışında belir-
gin bir özelliği daha var: Ana Harfler olma niteliği taşımaları.

Tıpkı Ana Renkler olan Cyan, Magenta, Yellow gibi. Halk
arasında bu ana renklerin ne olduğu tam bilinmez. Mavi, Kır-
mızı, Sarı gibi isimler takılır. Oysa orijinal isimleri Cyan, Ma-
genta, Yellow'dur. Bu isimler orijinal üst yapılarını tam olarak

korurlar. Ve bu 3 ana renk kombininden, milyarlarca renk oluşur. Kişi, gördüğü herhangi bir rengin içinde yüzde kaç Cyan, yüzde kaç Magenta yüzde kaç Yellow olduğunu bilmez. O sadece doğa harikası olan renklere odaklı bir ömür tüketir.

Tıpkı müzikte 7 Ana Notanın olması gibi. Kimse hangi eserin hangi notalardan meydana geldiğini sorgulamaz. Ama bir müzik duyduğunda mest olabilir. Fakat dinlediği müzik eserinin içinde kaç adet do notası, kaç adet mi notası yer alır bilmez. Böylece bu 7 nota ile müzikte mucizevi eserler yaratılır.

Tıpkı elementlerde olduğu gibi. Ana Elementler atom sayılarına göre listelenir. Hidrojen, Helyum, Lityum, Oksijen ve sayamadığımız birçok element gibi tespit edilen yaklaşık 118 adet element bulunmaktadır. Kimse bu Ana Element isimlerini günlük yaşantısında kullanmaz. Hatta içtiği suda ya da soluduğu havada yüzde kaç adet Hidrojen, yüzde kaç adet Oksijen var sorgulamaz. Yaşamın ve canlıların temelini oluşturan bu elementlerin oranlarından habersiz bir hayat sürer.

Kesik Harfler de tıpkı ana renkler, notalar ve elementler gibi yaşamın içerisine gizlenmişlerdir. Sürekli kullanım halindedirler fakat kimse orijinal hallerini, isimden okunuşlarını dikkate almaz. Günlük konuşmalarında kaç adet bu harflerden kullanır bilemez.

Yaşamının temel ihtiyacı konuşmak, yazışmak ve düşünmek olan canlıların arada bir de olsa, orijinal ve temel olanlara dönüp kendilerini kalibre etmeleri gerektiği bilinmelidir. Bu ölçümleme, **orijinalden** ve **temel** olandan yapılmalıdır. Yoksa bir anlamı kalmaz. İşte Kur'an ilmi de, bu yolla bizi Kesik Harfler hakkında düşünmeye sevk eder. İnsan daima orijinal olan ile kendini kalibre etmelidir. Kendine orijinal ve temel olan ile çeki düzen vermelidir. Yoksa aslını kaybeder ve bir daha da yönünü bulamayabilir. Ölçümleme varlığın ilahi mekanizmasıdır.

KESİK HARFLER

Ve son olarak bilinmelidir ki, kâinatta hiçbir kuvvet, orijinal ve temel olanların yapısını, şeklini, sesini, vibrasyonunu, titreşimini, rengini bozamaz. Onlar daima aslına sadık olarak kalırlar. Varlıkların, bu ana ve temel olanları kullanmaya izinleri vardır, onların üzerinde yapısal değişikler yapmalarına değil.

BÂTINÎ KAPILAR HURUF

Keskin Harfler

Keskin Harfler, iki kenarı keskin bir oluşumdur. Uçları da sivridir. Hiçbir yerinden tutamazsın, onlara tutunamazsın. Onlar tek başınadır, bir birey gibi bir millet gibi. Başına buyruk-turlar. Ne kadar anlam yüklense de onların Orijinden gelen, asıl kaynaklarından süzülen bir enerjileri ve doğaları vardır. Te-miz ve kaygandırlar. Kir tutmazlar, kötü ya da masum hiçbir anlam yüklenmezler.

Keskin Harflere en önemli örnek **Aşk** kelimesidir. Aşk keli-mesinin insanda bir frekans aralığı yaratması ve söyleyen kişiyi yükseltmesi olasıdır. Fakat bilinmelidir ki yüksekler benzersiz bir risk içeriyor. Aşkı kelimelere sığdırmak ve aklın ötesine doğru yolcu etmek, kutsiyeti ilmik ilmik işlemek ancak içinde bu heyecanı duyanlara has bir güzelliktir. Bu kelime anlamını bu kitapta çok fazla anlatmayacağım zira bu kelime anlamını aktaran bir kitabı kaleme aldım. Dileyenler, tüm dünyada ve

Türkiye'de yayımlanan *Senin Adın Aşk/Kevser Yeşiltaş* kitabını okuyabilirler ve sesli kitabını yazarın sesinden dinleyebilirler.

Keskin Harflere bir örnek **Gül** kelimesidir. Adını dahi duymak ya da okumak bile insanın enerjisini yükseltebilecek kadar keskin bir kelimedir. Çünkü bilimsel olarak da gül, frekansı en yüksek koku yayar. Gül bahçesinde gezinen ve gülleri koklayan biri de o bahçenin bir gülü olmuştur. Her şey bir frekanstır ve her frekansın belli rakamsal aralıkları vardır. Atomlar bir araya gelerek cisimsel şekilleri meydana getirebilir. Fakat frekans yani titreşim, o seklin boyutunu ifade eder. Bilimsel anlamda, insan 80 ila 100 frekansta titreşirken orjinal bir gülü kokladığında frekans aralığı saniyeler içinde 350'ye çıkar ki, gül kokusunun frekans aralığı 350'dir. İşte o an, İnsan ile Gülün şekilsel yapısı birbirinden farklıdır ama frekansları eşitlenmiştir.

Bir başka örnek daha vermek gerekirse: Kuralları koyanlar, o kurala ilk uyanlar olmalıdırlar. Bedenlenmeyi seçtiğimiz anda, kurallarımızı koyarız ve ilk uyan da yine biz oluruz. Zaten bir beden içinde olmak, dünya kurallarına uygun olmaktır. Böylece dünyanın bedenden, bedenin de dünyadan bir farkı kalmaz. Fark nerededir diye sorarsak? İnsan bilinci ile dünyanın bilincindedir. Her iki organizma da farklı bilinçle hareket ediyordur. Oysa bedenin titreşimi dünyanın titreşimi ile beraber yürüyecektir. Dünyasal maddelerin kendilerini tatmin ettiğine inanan ve bununla oyalanan kişiler titreşimlerini hala dünyaya odaklamışlardır. Bu durumdan kendilerini sıyırabilen kişiler ise, titreşim olarak dünya ile birliktedir fakat düşünsel yani bilinç düzeyindeki titreşimini değiştirmeyi başarmışlardır.

Her canlı ve her cansız gibi görünen canlı da, titreşimine uygun şeklini alıyor. Kısaca, titreşimine uygun şekle bürünüyor. Dünya dört milyar yıldır yusyuvarlak ve kaskatı duruyor. Neden? Çünkü titreşimine uygun şekli almış. Biz de titreşimimize uygun şekli ile onu, o şekilde algılıyoruz. Uzaya baktığımızda da gördüğümüz evren, ancak bizim titreşimimiz doğrultusunda görebildiğimiz bir uzay. Bomboş, soğuk, karanlık ve iç ürperten bir boşluk gibi algılıyoruz. Nedeni ise, titreşimimizdeki eksiklikler. Çünkü içsel dünyamız karanlık, boş, soğuk ve iç ürperten bir boşluk. İç dünyamız ile barışmanın tüm ayrıntılarını kitabın son bölümünde okuyabilirsiniz.

Titreşimimizin ya da frekansımızın bize sunduğu algısal boyutta bakıyoruz. Gözümüz ancak titreşimimizin olanakları dâhilinde, dış dünyayı bize bu şekilde gösteriyor. Gördüğümüz yine yuvarlak, katı, yalnız, karanlık, soğuk, ulaşılmaz bir evren. İç dünyamızı tanımadıkça, milyar değil trilyon yıllar da geçse değişmeyecek bir tablo bu. Çünkü titreşim düzeyimizdeki evren böyle şekil alıyor. Bizim titreşimimiz değiştiğinde, aynı evreni farklı algılamamız mümkün olabilir. Burada değişen etken nedir? Bizim frekansımız. Frekansımız yani titreşimimiz değiştiğinde, rezonansa gireceğimiz boyut da bize değişmiş gibi görünür. Oysa değişen mekân değil, sadece titreşim düzeyidir. Bizler bu titreşim evreninde, kendimizi yeniden oluşturmak ve yapılandırmak zorundayız. Bize sınır koyan, harici bir varlık sistemi yoktur. Titreşimimizi kullandığımız harfler ve o harflerle kombine ettiğimiz sözlerle ayarlıyoruz. Kullandığımız sözlerin titreşimi değiştiğinde, bizim de titreşimimiz değişir. Titreşimin uyumu bozulduğu anda kaybolmuz. Titreşimi yüksek olanların bu dünyada kalması zorlaşır. Uyum sağlaması güçleşir. Ancak maneviyatla kendilerini ayakta tutarlar. Paylaşarak ancak dünya ile uyumu kolaylaştırırlar.

Keskin Harflere başka bir örnek de **Ölüm** kelimesidir. Dünya insanı için, önemli bir haberdir ölüm. İnsanlık tarafından bu kelimeye öyle anlamlar kodlandı ki, kelimenin vermek istediği amacın çok dışına çıkıldı. Acı son, vahşet ve yok oluş olarak zihinlerde derin bir iz bıraktı. Oysaki ölüm kelimesi, bilinçlerimize bir **yenilenme** olarak kodlanmıştı. Ölüme bir yenilenme ve tazelenme olarak hem içsel hem bilimsel olarak bakılıp, bu yönde çalışmalar başlatılırsa, ilerleme kaydedilebilir.

İnsan, görünmeyen bedeni olan astralini, zihnini ve bilinçaltı yüklerini dönüştürüp hayatlarını yeniden organize edebilirlerse ve yaşam ile ilgili kararlarını bu yüklerin etkisi altında vermekten vazgeçebilirlerse, insan ömrü de uzayacaktır. Zira hücreler yaş ilerledikçe değil, bilinçaltı deposu doldukça ve yeni karar mekanizmasının enerjisi tükendiği için dönüşüp yenilenemiyor. Kısaca içsel umutlar enerjisini yitirdikçe. Bu durum rakamsal yaşa bağlı değil. Umutluyum demekle umutlu olunmuyor. Umut kelimesinin kullanılan anlamından özgürleşerek, Orijin Harflerine yeniden talep etmek ve onları Keskin Harflere dönüştürmek için çaba gerekir.

Bir gayretle ölümcül hastalıkların üstesinden gelen insanlar, umutla hücrelerini yenileyenlerdir. Bu örneklere çok rastlanır. Son bilimsel kaynaklarda, duyguların kaderi etkilediğini fark ettiler. Mistik felsefede ölüm bir yenilenme olarak anlamlandırıldı ve buna inanıldı. İnandığına kendini zorunlu gören beden bunu uyguladı ve beyni zamanı geldiğinde bu ölüm kararını verdi. Çünkü yenilenmek isteği vardı. Bu nedenle Keskin Harflerin anlamlarını yeniden kodlamak mümkünse, hür irfana ve düşünceye bu sarmaldan kurtulmak için ihtiyaç vardır.

Şu bilgiyi de not düşebiliriz: Uyku bir yarı ölümdür. Uykunun kalite süresi, zihnin meşguliyeti azaldıkça, artan bir orantıdadır. Kaliteli bir uykuda bilinçaltı dosyaları yerine yerleşir ve ferah bir şekilde gözler dünyaya açılır. Zihinsel meşguliyeti yoğun insanlıkta bu mümkün görünmüyor. Sonuç olarak kaliteli bir yarı ölüm yaşayamadığımız için, tam bir ölümle kendimizi sonlandırıyoruz.

Keskin Harflere bir örnek **beden** kelimesidir. İnsan bedeni, her ne kadar çok gelişmiş bir tasarım harikası da olsa, birçok etkenler karşısında çok zayıf. Hatta aciz. Ateşe, kaynar suya, güneş ışınlarına, kesiklere, yaralanmalara, mikroplara ve sayamayacağımız kadar çok etkene karşı. Derisinin üzerinde ya da iç organlarında hemen yan etki gelişebiliyor. Binlerce yıldır *İnsan mükemmeldir* bilgisi, kutsal sözler ve mistikler tarafından aktarıldı. Peki bu mükemmellikten ne kast edilmiş olabilir? Dünya şartlarına, maddeye ve nefse yenik olmasının dışında, başka bir özelliğini belirtmiş olmalılar.

Benzersiz bir yapı olan bedenin, ortam şartlarında çok aciz ve olumsuz şartlara yenik olması akıl almaz bir sorun. İnsan, nefsinin kontrolü altında yaşıyor ve dengeyi oluşturmakta çok zorlanıyor. Madde dünyasında bağımlılıklarının önüne geçemiyor. Peki insanın mükemmelliğinden ne anlamalıyız? Her zaman şöyle bir bilgi vardır. Ruh, beden üzerindeki gücünü kurabildiği ölçüde, beden yapısı güçlüdür ya da güçsüzdür. Ruhu ve bedeni ayrı düşünmek bir hatadır. Bunu yapan ve buna erişemeyen, kendini anlamamış olandır.

Bir bina yapıyorsunuz, diyelim harcı şeker olan. Ve onu son derece teknolojik aletlerle donatıyorsunuz. Bu kusursuz ve benzersiz binayı götürüp Amazon'un yağmur ormanlarına bırakıyorsunuz. Bu bina, bir yağmurda eriyip gidiyor. Şimdi burada binanın malzemesi mi hatalı, yoksa yerleştirildiği coğrafya mı yanlış? Bu yanlışlar kusursuz oluşa bir aciyet getirmiyor mu?

İnsan bedeni dünya ortamında aciz. Değişen tüm şartlara uyum sağlama yeteneği çok zayıf. Birkaç dakika havasız kalsa, yaygın bir virüs kapsa, derin bir kesiğe müdahale etmese derhal ölüyor. Çok basit bir örnek vermek gerekirse, ani hava değişiminde soğuk algınlığından günlerce halsiz ve hareketsiz kalabiliyor. Böyle kusursuz bir yapı, basit bir etkene karşı çok uzun süreli savunmasız. Kısaca fizik şartlardaki değişimlerin, beden üzerinde meydana getirdiği aksaklıkların, herhangi bir alternatifi yok. Bu kadar mükemmel bir tasarımın, tıkır tıkır işleyen bir mekanizmanın ekstra bir gücü yok. Mükemmeliyeti sadece bedenin işlevselliğinde.

Tüm bilim adamları birleşse insan organlarından herhangi birini laboratuvar ortamında yaratamaz, ona işlevsellik katamaz. İnsan bedeni bu kadar kusursuz ve benzersiz bir tasarım. Fakat fizik ve kimyasal değişimlere karşı inanılmaz derecede savunmasız. Bir nedeni olmalı. İnsanın dünyada bulunmasının bir sebebi olmalı. Bu dünyaya yerleşmek için değil, bir amaca hizmet için gelmiş olmalı. Tasarımın mükemmel oluşu ile içinde bulunduğu ortamdaki acziyeti doğru orantılı değil.

Dünya gezegeni, algımızın bir yanı ile gerçek, bir yanı ile varsayım kabul ediliyor. Dünyayı tastamam gerçek olarak kabul edenler ve bir simülasyondan ibaret olduğunu iddia edenler de var. Kısaca **insan bir simülasyon oyunun içerisinde yaşıyor** deniyor. Simülasyonda olsaydık her şey malumumuz olurdu. Lineer işleyiş, tahminlere kesinlik verir. Oysaki sebepler, düzen içinde kaotiktir. Neyin malumu neyin sebebe vardığı kesinlik içermez. Çünkü sebepler malumlar yaratır. Malumsa sebeplere yol açar. Bu da devamlılığın esasıdır ve Yüceliğin Kanunlarıdır. Simülasyon zihin ürünü bir teoridir ve bu gezegenin insanlığına uygun bir yapı içermiyor.

Keskin Harflere son bir örnek daha verebilirim. Kozmos, bilinen adı ile **Kâinat** kelimesi. Kâinat, işlevi yüksek bir mekanizmadır. Bu mekanizmanın çok önemli bir prensibi var. Kâinat **bana bir** ilkesi ile çalışır. Hiçbir şeyin yok olmadığını, her şeyin dönüştüğünü ve aslına döndüğünü biliyoruz. Peki yok olmuyor dönüşüyorsa ve aslına dönüyorsa vardığı yer neresi? Vardığı yer, Kâinatın yine kendisidir. Kâinat hem bir mekanizma hem de dönüşümün temel malzemesi ve hamuru.

Kâinatın **bana bir** ilkesi, gözleme dayalı. Kâinatın güçlü hafızası, hatayı asla kabul etmeyen bir yapıya sahip. Kâinatta, kusursuzluk ve mükemmellik baş erdemdir. İçerisinde var olan tüm varlıkları gözlemler ve aksaklıkları tek tek yüksek bilince kaydeder. İşte bu **bana bir** ilkesidir. Kâinatın gözlem yeteneği benzersizdir. Tüm uzuvları ile bilgileri toplar. Bu işlemden hiçbir varlık kaçamaz. Varlıkların, cisimlerin, gezegenlerin, canlıların, galaksilerin, yıldızların, nebat, hayvan, atom ve atom altı partiküllerin ve sayamadığımız tüm formların işleyişindeki bilgiler kayıt altındadır.

Kâinatın temel malzemesi, meydana gelen her acziyette, her aksaklıkta, her kusurda, her hatada **bana bir** der ve derhal ortak bilinç hafızasına kaydeder. Ek süreler, tanınan imtiyazlar ve ayrıcalıklar kotası dolar. Ve bir gün harekete geçer. Harekete geçtiği o an, değişim ve dönüşümün habercisidir.

BÂTINÎ KAPILAR HURUF

Harflerin Çift Yön Etkisi

Harf kombinlerinde öyle kelimeler vardır ki, onlara yüklenen anlam çift yönlüdür ve etkisi çok güçlüdür. Çok dillendirildiklerinde kendi anlam bütünlüğünden çıkıp tersine dönüşebilirler. Etkisi ve gücü zayıflar hatta düşük seviyeye ulaşır. Yüksek enerjili kelime anlamı, bir anda düşük seviyeli duruma gelebilir.

Harflerin çift yönlü etkisine örnekler şöyle verilebilir: Vazife, görev, sorumluluk, hizmet, elçi, sevap, günah. Bu tür kelimeler yoğunluğu yüksek kelimelerdir. Fakat çabuk deformasyon olup, bunu dile getiren kişinin çirkinleşmesine ve gözden düşmesine bile sebep yaratabilir.

Harflerin çift yön etkisi, insanın talebiyle oluşur. İnsan onları mahkûm eden değildir. Sadece niyetini belirlediği noktaları, göz önüne alması gerektiği, yine bizzat kendisi tarafından hatırlatılıyor. Kesik Harflere anlam yükleme iradesini gösterenler, böyle bir icaba hazır olmalılar.

Harflerin çift yön etkisi her zaman göz önüne alınması gerekir ki sonuçları vahim olmasın. Burada bir seçim varsa, bu seçim Yücelik tarafından yapılmaz, müdahale etmesi beklenemez. Sadece icab vardır, gereken ne ise o olacaktır. Sebep yaratan, karşılaştığı durumların malumu da olur. Kâinatın işleyiş prensipleri böyledir. Bu konuya dikkat çekmek istedim. Vücudun ihtiyacı oksijense, Kesik Harflerin ihtiyacı da *temiz anlam* bütünleşmesi ile dolmaktır.

Bu dünya, hakikat güneşinin aydınlattığı bir platform. Gerçek ile hayali birbirine karıştıranlar, aklı yeterince devreye almayanlardır.

Harfler gibi insan da bir enerji bütünüdür. Ve bu bütünlük bir alan meydana getirir. Bu alanın bir çekim enerjisi vardır. İşte insanlar birbirleriyle bu alanlar birlikteliğinde, bir ortak alan meydana getirirler. Ortak alanın gücü, beslenmesi ile doğru orantılı. Harflerin çift yön etkisi böyledir. Din de böyle, bilim de böyle. Tüm çift yön etkili Harfler böyle işleyen bir mekanizmadır. İnsan ortak alan enerjisel bağlantısını beslemeyi bırakırsa, ilgi alanı da azalır. Zamanla kopar gider. İnsanın iradesiyle tecrübesi birleşik bir karara varınca, boşalan enerji alanına yeni enerjiler *çevrimiçi* olmaya başlar. Kısaca enerji alanı yeni enerjilere misafirlik yapacaktır. Birleşik alanlarda, bakış alanı farklı noktalara çevrilir. Yeni seçimlere doğru yol alınır.

İnsan karar mekanizmasını çalıştırırken zayıftır. Güçlü olan Ruhtur. İnsan sadece yeni kararlar alırken değil, düşünürken de acizdir. Özgür düşündüğü yanılgısı içindedir. Oysa düşünceleri daima dünyevî enerjilerin takibi ve kontrolü altındadır. Ancak, düşüncelerini, **düşünce uzayına** çıkardığı vakit dünyevî etkilerden azat olur. Nedenine gelince: Düşünce uzayında sınırsız olan kelimeler, dünya ortamında iken, zihin içerisinde sınırlanırlar ve kurallara bağlanırlar. *Düşünce uzayında* hayaller özgürdür. *Düşünce uzayında* var edilenler ancak kâinat kanunlarına tabidir. Yüksek seviyeli enerjilerle beslenir. Orada anlam yüklü kelimelere ihtiyaç kalmaz. Harflerin çift yön etkileri de azalır. *Orijin Harfler Kaynağından* temiz Harfler, insan zihnine çekilir. Ve şekillenen Kesik Harflere dönüşürler. Ve yaratım işte bu noktada başlamış olur. Yoksa kafatasının içine hapsolmuş düşünceler, dünyevî etkilerle *tekerlemeden* ileri gitmeyecektir. Dünyamızın ne kadar küçük olduğunu anlamak, bize yeni dünyaların ve düşünce uzayının kapılarını aralayacaktır.

Yüzyıllar boyunca, yüksek bilince ulaşmış ve dünyadan gelip geçmiş nice insanlar oldu. İsimlerini bildiklerimiz kadar bilmediklerimiz de çoğunlukta. Resuller, Nebiler, Peygamberler, Arifler, Müzisyenler, Ressamlar, Bilgeler, Ozanlar.

Mekânı ve zamanı aşan fikirlere sahip olan ve onu uygulama alanına alanların neden bu tercihi yapıp dünyaya doğdukları, maddeye körü körüne bağlı olanların arasında ne işleri olduğunu düşünmemek gerek. Çünkü bu, onlar tarafından arzu edilen bir durumdur. Bu durum, dünyasal etkilere bağlı kalarak maddenin verdiği çileyi çekmeyi arzulamaktır. Özünde merhameti taşıyanların üstlenebileceği bir durumdur. Sonsuzluğu kavrayan bir zihne ulaşan bu bilgiler, kendi özlerinde merhamet yüklü olduklarından dolayı, aynı dileği tüm insanlık için de isteyeceklerdi. İşte bu kişilerin merhamet dolu titreşimleri ve düşüncelerinde yüksek bilince ait düşünce titreşimleri, dünya için büyük nimettir. Onlar tarafından düşünce bilgileri, hap olarak verildi, açılma süresi zamanı geldiğinde alt bilince indi. Tohum bilgiler, binlerce yıldır insanlığın ruhlarına böyle ekildi.

Aç insanların karınlarını yiyecek ile doyurabilirsiniz. Ya ruhlarındaki açlığı doyurmak için malzeme nasıl hazırlanacak? Hemen akla ilk gelen kitaplarla, bültenlerle, iletişim araçlarıyla, kutsal kitaplarla denilebilir. Fakat bilinmelidir ki, çoğu şey okunduktan ve duyulduktan sonra unutulup gidebilir. Oysaki *düşünce titreşimleri* hedeflerini şaşmaz.

İnsanlar dünyasal tercihlerinde seçicidirler, fakat bu tercihlerinde çoğu kez yanılabilirler. Bedenlerin işlevini sağlayan manevî gıda, düşünsel titreşimlerdir. İnsanın Maneviyatı da, ihtiyaçları konusunda asla yanılmaz. Düşünce uzayından gerekli titreşimleri çekebilir. İnsanın manevî yönü, kavramları tek tek anlamlandırır, keskin hatların kavrayışına ulaşır, tahlil eder ve ihtiyacı oranında alır ve sindirir.

Bilgiler, aslında düşünce formlarıyla etki alanlarına dağılır. Bu çok daha etkili bir **görev alanı**dır. Hiç kimse, düşüncelerinin nerelere etki ettiğini bilemez. Düşüncelerinin hangi sebeplerle yaratımda olduğunu öngöremez. Düşünceler, yayın yapan bir genel istasyon gibidir. Ve kâinatta asla kaybolmazlar. Eski kadim öğretilerde "Düşüncelerinizden bile sorumlusunuz" bilgisi, bu yüzden büyük önem taşımıştır. Düşünce titreşimleri, *yüksek bilince sahip kişilerin yüzyıllardan beridir mayaladığı dünya düşünce uzayında*, her an salınımdadırlar.

Kelimelerin yaratıcı gücünü bizzat deneyimleyenler, Harflerin çift yönlü etkileri ile oluşan kelimeleri kullanırken daha dikkatli olmaları gerekir. Her yaraya merhem olabilecek bu kelimeler, birer kalıp kelimelere veya klişe kelimelere dönüşebilirler. Bu kelimeler, hassasiyetin arttığı ve derinliğin yoğunlaştığı noktalarda şifa yeteneğini kaybederler. Etkileri yüzeyde çok güçlü olan bu Harf kombinleri, derinlerdeki basıncın etkisini hafifletmez. Dikkatli kullanıldığı zamanlarda, o derinlerin halüsinasyonunu hakikate çevirebilirler.

Burada şunu sorabiliriz? Yapabilirliği yüksek kişiler var mıdır? Elbette ki vardır. Yapabilirliği yüksek kişiler ancak düşünsel titreşimlerini dünyanın madde titreşiminden yükseltmişler ve kendi titreşimlerini hızlandırmış olanlardır. Bu kişilerin, *yapabilirliği* yüksek düzeyde olduğu için **yapma kudretine** sahiptirler. Ve değiştirme gücünü ellerinde tutarlar. Çünkü ısrarcıdırlar. Şikâyet etmek yerine değiştirmeyi ve kurgulamayı tercih ederler. Nasıl yapabildiklerine gelince:

İnsanın bir mekândan ibaret olduğunu söylemiştim. Kendi mekânını, dünya mekânına ayarlayarak kendi düşünsel kuvvetlerini kullanırlar. İki farklı mekân ancak sempati ile birbirine yaklaşır. Farklı zıdlar ve farklı karakterler birbirlerine sempati bağı ile yaklaşmış olurlar. Sempati bağı zamanla empati ortak alanına dönüşerek, bir beden halini alır. Kısaca insan mekânı ile dünya mekânı ortak bir beden haline gelir.

Bu durumu şöyle de düşünebiliriz: Her plânın sahibi vardır. Ve her plânın savaşçıları vardır. İşte onlar yapabilirliği ellerinde tutan savaşçılardır. Ve ısrarlıdırlar. Kararlı kararlı, ısrarlı ısrarlı bu işi yürütürler.

BÂTINÎ KAPILAR HURUF

Hurûf-i Mukattaa

Arapçası Hurûf-i Mukattaa, Türkçesi **Kesik Harfler** olan bu tanım, bir sıfat tamlamasıdır. **Huruf** kelimesi Harf kelimesinin çoğulu olan *Harfler* anlamına gelir. **Mukattaa** kelimesi Arapça **kataa** fiil kökünden gelir ve Kesik ya da kesilmiş demektir. Kısaca Hurûf-i Mukattaa, **Kesik Harfler** anlamına gelir.

Kesik Harfler Kur'an-ı Kerim'de bazı Sure başlarında kullanıldı. Bu yüzden bu Harflere Kesik Harfler denmektedir. 14 farklı Harf, 14 farklı dizilişle 29 Surenin başında kullanılmıştır.

Bu Harfleri seslenişe geldikleri sırasıyla Türkçe Harflerle şöyle yazabiliriz: Nun, Kaf, Sad, Elif, Lam, Mim, Sin, Kef, Ayn, Ye, Ha, He, Ta, Ra

Kesik Harfler yüzyıllar boyunca çok çeşitli ilim ve bilim adamları tarafından yorumlanmış, hakkında onlarca açıklama yapılmıştır. Fakat hiçbiri tatmin edici ve ikna edici olamayabilirler. Çünkü her bir görüş, mevcut Harfler üzerinde bir yorum meydana getirmiş. Kesik Harfler, çağlar boyunca etkilendiği alfabelerle bağdaştırılmış, etnik ve kültürel kökene bağlı olarak açıklamalarda bulunulmuştur. Oysaki kanaatimce, **Kesik Harfler**, henüz kaynağında *şekillenmemiş* ve Orijininden ayrıldıktan sonra da insan zihninde şekillenmiş olarak kabul edilmelidir. Yoksa daima esrarengiz olarak kalmaya mahkûm olacaklardır.

Kesik Harf sadece şekilseldir. Yani henüz kelime kombini olmamış fakat insan zihninde bir şekil almış Orijin Harftir. Orijin Harfin, henüz şekil *almamış*, kaynağında aktif olarak *bekleyen* bir yapı olduğunu bahsetmiştim. Şekil almamış *Orijin Harfin*, insan zihninde şekil almış hali Kesik Harftir. Kısaca adı üstünde Kesilmiş, ayrılmış, kaynağından koparılmış ve *şekillenmiş* Harftir. Ve henüz bu şekillenmiş Harflere hiçbir anlam yüklenmemiştir. Kısaca insan zihninde şekillenmiş olan bir *Kesik Harf*, henüz anlam taşımaz.

Burada bahsedilen durumun, Alfabedeki şekillendirilmiş Harflerle bir ilgisi yoktur. Çünkü alfabe tüm toplulukların kendi kültürleri doğrultusunda kabul ettiği ve vücuda getirilen, meydana konulan bir *cisimsel* yapıdır. Oysa Orijin Harf, bulunduğu *kaynağından* ve Kesilmiş Harf de, *şekillendiği* insan zihninden henüz gün ışığına çıkmamıştır. Bu, tüm Harfler için geçerlidir. Sadece Arapça'da dikkatleri üzerine çeken Hurûf-i Mukatta olarak belirtilen 14 Harf için değil. Fakat Kur'an ilmi, bu konunun özellikle dikkat çekmesi için bu 14 Harfi kullanmış ve bu Harflere özellikle bir anlam yüklememiş olma ihtimali yüksektir.

Hurûf-i Mukattaa olarak belirlenen Kesik Harfler, Kur'an kitabının 29 aded Sure başında, tek tek zikredilmiş, harf harf seslendirilmiş ve bir anlam ifade etmemiştir. Sadece birçok araştırmacı bu Harflere anlamlar yüklemiş ve büyük çapta araştırmalara ve tezlere konu etmişlerdir. Eğer tüm dikkatleri bu 14 Harfe verirsek işin içinden çıkılamayacağını anlamalıyız. Çünkü karmaşanın içinde yön bulmak zordur. En doğru olan, işin tüm sırrını basitlikte aramaktır. Çünkü Evren ve Kâinatın yapısı basit işleyen bir mekanizmadır. Onu karmaşık hale getiren, kaosa döndüren insan zihnidir.

Hurûf-i Mukattaa olarak belirlenen 14 Harfin görevi, aslında vücuda *getirilmemiş* tüm Harfler için bir belirleyici unsurdur. Ve onların kesinlikle bir adedi yoktur. Sonsuz sayıdadır. Henüz *şekillenmemiş* Orijin Harfler ve İnsan zihninde *şekil almış* tüm Kesik Harflerin sayısı sonsuz aded kadardır. Bu sonsuz sayıda *şekil almamış* ya da *şekillenmiş* Harfler, söze ve yazıya döküldüklerinde, kısıtlı bir alfabe içerisine *indirgenirler*. Oysaki kaynaklarında ya da zihinlerde özgür ve bağımsızdırlar. Söze ve yazıya döküldüklerinde artık esaretleri başlayacak ve bir sistem içerisine dâhil olacaklardır. Bu bir mecburiyettir. Fakat aşılması mümkün olmayan bir durum da değildir. Bunun sistemini ileriki paragrafta okuyacaksınız.

Yazının icadından bu yana belirlenen tüm alfabetik Harfler sadece sistemli bir temel oluşturmak içindi. Her kültürde farklı şekillenen alfabe Harflerinin adedleri belirlenmiş ve onlara sayısal değerler verilmiş ve kabul ettirilmiştir. Her toplumun, alfabesi içinde bulunan Harflerin sayıları, *farklılık* gösterir. Fakat Harflerin sayısal değerleri özellikle Ortadoğu'da, Batı dillerindeki alfabetik Harflerin sayısal değerlerinden çok *farklı* kullanılır. Örnek olarak Arapçada bir *Harfin sayısal değeri* onun *ebced* değeridir. Bu ebced değerleri ortaklaşa toplulukların meydana getirdiği bir sayısal değerdir ve yaygın kullanılmaktadır. Kabul gören bu ebced değerler nesilden nesile aktarılır. Kullanılan ebced değerler bir ölçüdür ve basmakalıp görevi görür. Özgür ve bağımsız değillerdir, kullanan kişinin etkisi altındadırlar. Kabul ettirilmiş anlamlarının dışına çıkamazlar ve yaratıcı bir özelliğe sahip değillerdir. Kısıtlanmışlardır ve belli bir hedefe yönlendirilmiş olabilirler. Bu hedefler iyi niyetle olduğu kadar kötü niyetle de anlamlandırılabilir.

Harflerin sayısal değeri olan ebced hesabı, yaygın olarak büyü, tılsım, muska ve vefklerin hazırlanışında kullanılır. Bu uygulamalar dinler dışıdır ve putperestlik zamanlarında uygulama alanındaydı ve halen günümüzde devam etmektedir. Bu konu bu kitabımızın dışında yer alıyor. Bugüne kadar kaleme aldığım tüm kitaplar ve bu kitap da dâhil her zaman bir gerçeği yansıttı: **Özgür İrade Özgürlüğü**'nü. Bu özgürlük var olan tüm canlıları kapsar: Bitki, hayvan, insan ve tüm eşyayı.

Özgür iradeye müdahale ile yapılan tüm *hazırlıklar* ve kelimelerin bu şekilde *sürgün* edilerek menfi yönlendirilmesi kabul edilebilir bir durum değildir.

Büyü kelimesi denince akla muskalar, tılsımlar, kurbağa bacağı, geyik kakası, boğa başı, gergedan boynuzu, fildişi, hayvan kanı gibi şeyleri birbirine karıştırıp hazırlanan içecek ya da yedirilecek bir *yemek* gibi düşünülebilir. Doğrudur ama eksiktir. Herkesin kabul etmesi gereken bir şey var ki, özgür irade özgürlüğüne yapılan her türlü müdahale ve özgür irade özgürlüğü ihlali bir büyüdür.

Müdahale eden/edecek kişi zaten yaptığını/yapacağını cahilce kabul edecek/etmiş ve cahilce onaylamış. Gücü oluşturduktan sonra bunu yönlendireceği kişiyi belirlemiş ve malzemeleri hazır etmiş. Peki,

Yapılan ya da yapılacak işlemlerden karşı taraftaki kişinin/ kişilerin haberi var mı?

Kişi ya da kişiler bu işlemleri kabul ediyor ve onaylıyor mu?

Kendi iradesi dışında kendisine yapılan ya da yapılacak işlemlerdeki niyeti biliyor mu? Ve biliyorsa kabul edip, onay verdi mi?

HURÛF-İ MUKATTAA

İşlemler esnasında kullanılan malzemelerden izin alındı mı? (Kağıt, kan, mum, gezegenlerin açıları, güneşin ayın durumu, gün ve saatler, davet edilen varlıklar, melekler, tırnak, hayvan derisi, bez parçaları, Harfler, kelimeler, dualar, ayetler, rakamlar, sayılar ve benzeri). Onlara fikirleri soruldu mu? Bu işlemlerin yapım aşamasına özgürce katılacaklarını beyan ettiler mi?

Bu sorulara bahaneler uydurup açıklamalar yapmadan net bir şekilde cesurca *Hayır* diyen biri bilsin ki, yaptığı şey büyüdür! Bu işlemlere niyet eden kişiler kendilerini çok akıllı zannederler. Ve muazzam bir potansiyele sahip ve insana bahşedilmiş bu *Aklı* ne işlerde kullanırlar. Geriye yaslanıp bir düşünmek gerekir.

İster muska hazırlansın, ister manipülasyon - hileli güdümleme uygulansın, ister baskı ve şiddet içerikli sözler olsun, ister gücü arttırmak amaçlı varlık ve melek davetleri olsun, ister telkinler, hipnozlar, yönlendirici bakışlar olsun, bu kapsamın **içerisinde** yer alacaktır.

Bir varlığa, istemediği bir şeyi zorla yaptırmak, bir varlığa haberi olmadan istemediği bir şeyi *yaşatmak* ya da *yaptırmak*, onu iradesi dışında bir tarafa yönlendirmek, **özgür irade özgürlüğünü ihlal etmek kabul edileme**z bir durumdur. Ve büyü tüm bu kapsamların başlığı olarak karşımıza çıkacaktır. Çünkü büyü yapımında kullanılan kelimeler, Harfler, ebced hesabındaki sayılar, ayetler, dualar, davet edilen varlık ve melekler, kâğıt parçaları, hayvan deri, tırnak ve dışkıları, su ve benzeri sıvılar her ne olursa olsun onların da özgür iradeleri vardır. Var edilen tüm eşya ve canlıların, görünmeyen varlıkların da özgür iradeleri olduğunu asla *unutmamak* gerek. Sadece kalbi atan, nefes alan varlıkların değil.

Taş, toprak, ağaç, bitki, gezegen, güneş, ay ve sayamadığımız kadar tüm varlıkların da özgür iradeleri vardır. Ve hiçbir varlık diğer varlıkların özgür iradesine müdahale *edemez*, etmemelidir, işlem esnasında kullanmamalıdır. Şayet ediyorsa ve kullanıyorsa da bu niyetinin karşılığını görmek için bir *kapı* aralar. Bu kapıdan nelerin girebileceği de o varlığın bilgisi ve kaderi dâhilinde olacaktır.

Ebced hesabının kullanımı sadece Araplara özgü değildir. İbranîler de aynı ebced karşılıklarını kullanır. Bunun dışında Sami, Aramî dillerinde de ebced kullanımı yaygındı. Ebcedin Kadim Alfabelerden Arapçaya geçtiği düşünülmektedir. Ebced tasavvufta büyük önem taşır. Ayrıca sadece Şii kaynaklı olduğu düşünülse de, Ebcedin kökeni Antik Mısır ve Hint diyarına kadar geniş kullanım alanına sahiptir. Osmanlı imparatorluğunda da yaygın olarak kullanımdaydı.

Benim bu kitapta özellikle vurgulamak istediğim, **Orijin** ve **Kesik** Harflerin sayısı belli olmadığı gibi kesinleşmiş bir sayısal değerleri de yoktur. Çünkü henüz meydana çıkmamışlar, söze ve yazıya dökülmemişlerdir. Ancak meydana çıktığı anda bir sayısal değeri oluşur. Harfin sayısal değerini o anki *durum* ve *şartlar* belirler. Hangi insandan telaffuz edildiği ya da yazıya döküldüğü, o insanın hal ve durumu, bulunduğu koordinatları ve hangi zaman diliminde oluşturulduğu, o Harfin sayısal değerini belirler. O vakit bu Harfler, Harf kombinleri olarak ağızdan süzülür ya da kaleme dökülerek özgür ve bağımsız hareket ederler. Yaratıcı, işaret edici, kader belirleyici rolleri vardır. Çıktığı kaynağın (insan) titreşimini taşırlar ve o kaynağın (insanın) anlamına muhtaçtırlar. Kaynak (insan) o kelimelere nasıl bir anlam yüklediyse, yollarına öyle devam ederler.

Burada yapmamız gereken, Orijinden kopan ve zihinde şekil alan Harflerin özgür ve bağımsız olduğu, sonsuz sayıda ve sayı değerlerini şimdiki zaman ve mekân şartlarının belirlediği hakikatini kabul etmemiz olacaktır. Her ne kadar belirli bir fonetik ve şekilsel Alfabe içerisinde seslendirecek ve yazacak olsak da, unutmayalım ki, Orijin ve Kesik Harfler *yaratıcıdır.* Bilen kişilerin elinde birer ışıktır. Çevrildiği yere can verir. Yazılan ve söze dökülen kelimeler çok önemlidir. Bilinçli bir ehil insandan çıkıyorlarsa, o oranda dikkatli olunmalıdır. İşte o kelimeler öğretici de olurlar, yaratmak ve yaşatmanın dışında. Önce öğretirler, sonra da yaratıp, yaşama sunarlar.

Şimdi bu satırları okuyan insanın kendine şu soruları sorması gerekir:

Önceden belirlenmiş ve anlam yüklenmiş, sayı ve sayısal değerlere mahkûm edilmiş kelimeleri mi kullanayım?

Yoksa Orijinden süzülüp zihnimde sonsuz kere sonsuz şekillenen, içinde bulunduğum hal, zaman ve mekânda oluşan sayısal değeri ile ortaya çıkardığım özgür ve bağımsız kelimeleri mi kullanayım?

Hangisi yaratıcı ve kader belirleyicidir?

Mukattaa Harflerin Bâtınî yönleri, Sümer tabletlerinin ortaya çıkmasından itibaren aydınlanmış oldu biraz da olsa. Araştırmacılar için yeni bir ümit kaynağı gibi görünüyor olsa da, benzerlik taşıdığına dair güçlü kanıtlar da mevcut.

Mezopotamya'da yaklaşık bin yıl hüküm süren Sümer Medeniyetinin İlahlarına verdiği rakamsal kodlar ile Mukattaa Harfler arasında benzer noktalar mevcut. Bu da kafaları karıştırmaya yetecek türden anlamlar yüklüyor zihinlere. Sümer'ler toplumsal ve dinsel tüm bilgilerini aşınmayan ve zaman içerisinde yok olmayan taş tabletlere kazımışlar. Çivi yazısı olan alfabelerinin çözülmesinden sonra onlarla ilgili bilgilere erişilmiş oldu. Mukattaa Harflerin sırrının Sümerlere kadar uzanması çok enteresan çünkü Sümer Tabletlerinin yaşı neredeyse beş bin yıl öncesine ait.

Sümerler önceleri herhangi bir yaratıcıya inancı olmayan bir topluluk iken, çok ilahlı bir dine geçiş yapıyor zaman içerisinde. Doğada gözlemledikleri ve tespit ettikleri her güce bir isim vermişler. Ve bu ismi kutsallaştırıp ilah edinmişler. İslâm kültürü de aslında bir nevi çok isimli güçlere inançlı ama tüm isimler aslında tek bir güce bağlı. Her bir isim ve sıfat Tek Allah inancı ile tevhid oluyor. İşleyiş ve Sistem her iki kültürün özünde benzerlik taşıyor. Çoklu *Yüce* isimlerin bir Güç ile bağlanması söz konusu. Kısaca tabanda çoklu Güçler ve Piramidin tepesinde En büyük Yaratıcı. Sümerler, güçlere verdikleri ilah isimleri tek bir ilah olan An'a tevhid etmişler. İsimlerin ve sıfatların tek bir Allah inancı ile tevhid oluşu da İslâm kültürüne ait. Fakat bizim konumuz Mukattaa Harfler.

Buradan yola çıkarak şöyle diyebiliriz: Her ilahın bir sayı değeri var Sümer'de. Kur'anda da Mukattaa Harflerin bir ebced değeri var.

Surelerin içeriği ve konusu, her bir Surenin başında bulunan Mukattaa Harflerin sayısal değeri olan rakamlara kodlu. Birçok kişi bu sırra ait dünyasal nitelik taşıyan çok fazla teori üretmiş olsa da, aslında bunun *göklere odaklı* bir çalışma olduğunu söylemeliyim. Birçok kişinin, ilim ve bilim insanlarının ürettiği teorileri bu kitapta sıralamak istemiyorum. Biraz araştırma yapanlar en çok kabul gören teorilere rahatlıkla erişebilirler. Bu kitaba dâhil etmek alıntı yapmak olur ve kaynak göstermeyi gerektirir ki bunu yapmak istemiyorum. Ve aynı zamanda da kitabın sayfalarını arttırmaya gerek yoktur.

Konumuza dönersek:

Surelerin içeriği ve konusu, her bir Surenin başında bulunan Mukattaa Harflerin sayısal değeri olan rakamlara kodlu.

HURÛF-İ MUKATTAA

Şifreleme tekniklerinde kodlamalar var. Ve bu kodlar bir anahtar oluyor. O anahtara göre metne baktığımızda içinde gizli bir metin ortaya çıkıyor. Göklerdeki her hareket ve yeryüzündeki konum, bir Surenin akışını belirlemiş. Ayrıca, göksel ve yıldızsal hareketlerin, yeryüzünde insanı ve maddeyi çok derinden etkilediğini biliyoruz. Düşünce sistemleri de bunu kanıtlamak için sürekli çalışmalar yürütüyor. Üstelik Kur'an kitabında Burûç Suresi de göksel hareketlerle ilgili bilgileri vahyetmiş.

Mukattaa Harfler, *idraklere göre açılır* bir sistemde şifrelenmiş olma ihtimali yüksek. Her zamana ve mekâna uygun, her idrake uygun bu şifreler mutlaka deşifre edilecek ve aktarılacaktır. Fakat zamana ve kafa yapılarına uygun olmayan, üst manalarını deşifre etmek için hazır olmak değil, belli bir anlayışa ve bilinç seviyesine yükselmek gerekir. Bir kişi böyle bir yükselmeyi yaptı ve Mukattaa Harflerin şifrelerini açtı diyelim. Peki o şifrelere sahip metinleri okuyanlar ne yaparlar? Elbette ki anlayamadıkları için okuyup geçerler, ya da bunu bir tehdit olarak algılayıp *karşı cephe* oluştururlar. Böyle toplumsal travmatik hareketlere ihtiyaç olmadığı için, bu şifreler de insan yapısına uygun olarak açılmaya devam edecektir. Çünkü sırlar insanlara göredir. Yani insanların yapısına ve algılarına göre değişir. Bir sır özünde sonsuz sayıda bilgiler barındırır. Her insan bu bilgileri kendi bilinç yapısına uygun olarak anlayabilir. Kimi zaman insanın üst bilinci birçok sırrı algılar, anlar ve alt bilince aktarır fakat alt bilinç olgunlaşana kadar bu bilginin zihinde anlaşılmazı zaman alır.

Bilinmesi gereken şudur ki, etkili bir cümle insanın hayatını bütününden değiştirebilir. Hatta büyük kapıları aralayabilir ve yeni yeni anlayışlar doğuracak ilhamları getirebilir. Mukattaa Harflerin genel bir anlamı ya da tek bir anlamı olduğunu düşünmek, yersiz bir zan olacaktır. Kişiden kişiye değişen, çağdan çağa yenilenen anlamları ortaya çıkacağından hiç kuşkum yok.

Evrensel bilgiler, yaşam formülü niteliğinde olduğundan dolayı, şifrelerle ve sembollerle aktarılmıştır. Bilgi, dosdoğru ve apaçık verilmez, şifrelerle, kodlarla ya da sembollerle üstü örtülerek ve anlamı kapatılarak aktarılır. Her sembolün, sırrın, gizli öğretinin, her kutsal ayetin en dünyevî anlamından, en yüksek anlamına kadar çeşitli açılımları vardır. Bu açılımların üstü kapalı olarak aktarılması elbette ki zamana ve mekâna uygun olarak yapılmıştır. Maddî ve manevî, ruhî değerlerle ele almak ve her açıdan yorumlamak, bu doğrultuda açılımları yapmak ve uygulamak gerekir.

Yerde plân yapana gökten ilham gelir. Bu evrenin dinamiğidir. Sonsuzluktan konu açanlara, sağanak yağmur gibi yüksek düşünceler yağar. Eskimiş ve tutunmak isteyen boş fikirlerini salıverenler ve sınırsız olandan konuşanlar, sınırsız yaşamları da beraberinde getirecektir. Üstelik desteklenme, hem içeriden hem dışarıdan olacaktır. Boş beyinlere ilham gelmesini beklemek, yükselip göğün sularını içmeye benzer. Oysa yağmur tüm bereketi ile başının üstüne gelecektir. Gezgin olmak boş hayaller kurmayı gerektirmez. Gezgin olmak göklerde uçmak ya da yerde hızlanmak da değildir. Bir gezginin isteği, boyutlar arasıdır. Evrensel olmalıdır, plânetsel olamaz. Gezegenlere bağlı yaşam düşünülemez onlar için. Gerektiğinde zamanını mekân eder ve isteklerini icap eden neyse yerine getirir ve tekrar zamana akar.

İlahi konumunu muhafaza eden ilhamlar. Bunlar asla kimsenin şahsına münhasır değildir. Sözlerin farklı ağızlardan çıkması, manayı değiştirmez. Çünkü hedefleri birdir o sözcüklerin. Bunu anladığımızda, aradığımızın gözümüzün döndüğü her yerde bize gülümsediğini görebiliriz. İlham ile gelen her etki, ruhumuzda büyük bir değişim başlatabiliyorsa ne âlâ. Değilse, tüm yazılanlar veya okuduklarımız, kelimeler bütünü olabilir ancak. Kısaca, bir mana ifade etmeyecektir, sadece kalbe

HURÛF-İ MUKATTAA

hoşluk getirecektir. Kelimelerin şifalı enerjisini kavrayamadıkça, onlar yan yana dizilmiş harflerden öte olmayacaktır.

Hurûf-i Mukattaa olarak belirlenen Harflerin hangi surelerde ve nasıl yer aldıklarını liste halinde şöyle toparlamak mümkündür. Liste Kur'an-ı Kerim'in yaygın iniş sırasına göre listelenmiştir. Surenin numarası, Hurûf-i Mukattaa Harfi ve hemen ardından gelen ilk kelime aşağıda belirtilmiştir. (Elinde ve evinde Kur'an-ı Kerim olan her kişi bu listeyi rahatlıkla takip edebilir.)

Sure No	Sure	Mukattaa Harf	Şekli	İlk kelime
68	Kalem	Nun	ن	vel kalemi
50	Kaf	Kaf	ق	vel kur'anil
38	Sad	Sad	ص	vel kur'ani
7	A'raf	Elif Lam Mim Sad	ص م ل ا	kitabun
36	Yasin	Ye Sin	ي س	vel kur'anil
19	Meryem	Kef He Ye Ayn Sad	ص ع ي ه ك	zikru
20	Taha	Ta He	ه ط	Ma enzelna
26	Şuara	Ta Sin Mim	م س ط	tilke ayatul
27	Neml	Ta Sin	ط س	tilke ayatul
28	Kasas	Ta Sin Mim	م س ط	tilke ayatul
10	Yunus	Elif Lam Ra	ر ل ا	tilke ayatul
11	Hud	Elif Lam Ra	ر ل ا	kitabun
12	Yusuf	Elif Lam Ra	ر ل ا	tilke ayatul
15	Hicr	Elif Lam Ra	ر ل ا	tilke ayatul
31	Lokman	Elif Lam Mim	م ل ا	tilke ayatul
40	Mu'min	Ha Mim	م ح	tenzilul kitabi
41	Fussilet	Ha Mim	م ح	tenzilun

Sure No	Sure	Mukattaa Harf	Şekli	İlk kelime
42	Şura	Ha Mim Ayn Sin Kaf	ق س ع م ح	kezalike
43	Zuhruf	Ha Mim	م ح	vel kitabil
44	Duhan	Ha Mim	م ح	vel kitabil
45	Casiye	Ha Mim	م ح	tenzilul
46	Ahkaf	Ha Mim	م ح	tenzilul
14	İbrahim	Elif Lam Ra	ا ل ر	kitabun
32	Secde	Elif Lam Mim	ا ل م	tenzilul
30	Rum	Elif Lam Mim	ا ل م	gulibetir
29	Ankebut	Elif Lam Mim	ا ل م	E Hasiben
2	Bakara	Elif Lam Mim	ا ل م	zalikel
3	Ali İmran	Elif Lam Mim	ا ل م	Allahu la ilahe
13	Ra'd	Elif Lam Mim Ra	ا ل م ر	tilke ayatul

Kesik Harfler ayrı ayrı yazılır ve harf harf okunur. Arapça yazılışlarıyla birer çizgisel harftirler. Fakat sese döküldüklerinde Harf kombinlerinden oluşan her biri ayrı ayrı birer kelime oluştururlar.

Bu esrarengiz Harflerin anlamlarını incelerken, **okunuşu** ve **yazılışları** ile ayrı ayrı değerlendirmek gerekir. Çünkü yazılışlarında tek bir çizgisel Harfi temsil ederler. Fakat seslendirildiklerinde hecelenen birer kelime olurlar. Kelimeler halinde seslendirildiklerinde de aslında Harflerden oluşmuşlardır. Ve o Harfler de seslendirildiklerinde yine birer kelimedirler aslında.

Okunuş itibari ile değerlendirmeyi şöyle açıklayayım.

Bu tanzime göre örnek vermek gerekirse: Hurûf-i Mukatta harfleri arasında yer alan "**Elif**" Harfi, *Elif, Lam, Fe* Harflerinden oluşur.

HURÛF-İ MUKATTAA

Elif Harfindeki *Elif* Harfi yine *Elif, Lam, Fe* Harflerinden oluşur.

Elif Harfindeki *Lam* Harfi *Lam, Elif, Mim* Harflerinden oluşur.

Elif Harfindeki *Fe* Harfi *Fe, Elif, Hemze* Harflerinden oluşur.

Sadece Elif Harfini meydana getiren *Elif, Lam, Fe* Harflerini de seslendirdiğimizde, yine onları meydana getiren başka Harfler de belirecektir. Ve bu sonsuza kadar devam edebilir. O halde sese gelen her bir Mukattaa Harf, sonsuz sayıda Harfler demektir. Böylece sadece Elif Harfini söylemek bile, sayısız Harfleri de seslendirmek demektir. 14 Mukattaa Harfin açılımı da sonsuz sayıda Harf ve onların kombinlerinden oluşan *kelimeler* demektir.

Ayrıca sayısı belli olan 14 Mukattaa Harfin içinde de sayısı belli olmayan Mukattaa Harfler yer alır. Örnekteki Elif Mukattaa Harfinin içinde gizli olan *Lam* ve *Mim* Mukattaa Harfleri gibi, Fe Harfi de belirtilmiş bir Mukattaa Harfi olmadığı halde, Elif Mukattaa Harfinin içinde gizlice onlara katılır. Böylelikle şunu diyebiliriz ki, her bir Hurûf-i Mukattaa, yazılışta bir Harfi, Harfin söylenişinde bir kelimeyi ve kelimeleri temsil eder. Nasıl olduğunu aşağıdaki örnekte anlatabilirim.

Mukattaa Harflerden biri olan **Elif** Harfinden örnek vermeye devam edelim.

Elif Harfinin, *Elif, Lam, Fe* Harflerinden oluştuğunu belirtmiştim. Elif Harfinin sayısal(ebced) değeri 1 olarak belirlenmiştir. Elif Harfini oluşturan *Elif, Lam, Fe* Harfleri sayısal(ebced) değerleri: Elif için 1, Lam için 30 ve Fe için 80 dir. Kısaca, Elif Harfini oluşturan Harflerin sayısal değerleri toplamı, Elif Harfinin Bâtınındaki sayısal değeri verecektir. Toplam 111 sayısını. Kısaca Elif Harfinin Bâtınındaki Ebced değeri 111 olacaktır.

Arapçada 111 sayısı tek başına herhangi bir Harfin ebced değerine denk gelmez. 100, 10 ve 1 olarak ayrılırsa ancak bu mümkün olabilir. Bu rakamların temsil ettiği sayısal değerler de 100 için Kaf, 10 için Ye, 1 için Elif'tir. Hurûf-i Mukattaa olan Elif Harfinin seslenişindeki Harflerle ilk ortaya belirişi **Kaf Ye Elif** tir. Kısaca Elif Harfinin Bâtınındaki (görünmeyenindeki) Harfleri *Kaf Ye Elif* olacaktır. Bu da **Elif** harfini seslendirirken, gizli Harfleri olan **Kaf Ye Elif** ortaya çıkacaktır.

Bu iki örnekte göstermeye çalıştığım şey, gizli metinleri ya da gizli kelimeleri ortaya çıkarmak değil, Harflerin doğasını, işleyiş mekanizmasını ve hareketlerini felsefik bir dil ile aktarmaktır. Konunun felsefesini kavrayan herkes bu yöntemle kendine ait araştırmalar yapabilir, çeşitli görüşler elde edebilir düşüncesindeyim.

Bu yöntemi başka dillere, alfabelere de uygulayabilir miyiz? Hayır, çünkü Mukattaa Harflerin yer aldığı Kur'an-ı Kerim ayetlerinin "Arapça" olduğu da yine Kur'an ayetinde önemle vurgulanmıştır.*(Nahl Suresi 103. Ayetinde "Hazâ lisânun arabiyyun mubîn" olarak belirtilir. Anlamı "bu konuşma dili apaçık Arapça'dır.)*

Ayette önemle belirtilen Apaçık vurgusu, dolaylı yoldan, Mukattaa Harflerinin bir sır olmadığının altını çizer. *Lisan* yani *konuşma dili Arapça* olması da önemle vurgulanır. *Konuşma Dili* ve *Lisan* vurgusu her bir Mukattaa Harfini seslendirirken onları meydana getiren Harflerin de sesleniste ortaya çıktığını *açıkça* işaret eder. Elif Mukattaa Harfini meydana getiren *Elif, Lam, Fe* Harflerinin ortaya çıkışı gibi. Ve Elif Harfinin seslenişinde ortaya çıkan *Elif Lam, Fe* Harflerinin toplam ebced değerleriyle *Kaf, Ye, Elif* Harflerinin ortaya çıkışı gibi.

Burada anlatmaya çalıştığım nokta şu ki, Hurûf-i Mukattaa Harflerinin sayısı 14 olarak belirtilmiş olsa da, kendi içlerinde tüm Harfleri de barındırırlar. Tıpkı bir tohumda bir orman saklıdır prensibinde olduğu gibi.

Elif, Lam, Mim halk arasında, tercih edilen Mukattaa Harflerin başında geliyor. Bu harflerin *yan yana, şu kadar aded, yüksek sesle ya da fısıltı ile söylenişinin* bir **şifa** etkisi olduğu düşünülüyor. Harfler krallığında *Elif, Lam, Mim* Mukattaa Harflerini eşsiz kılan en önemli sebeplerden biri de bu. Doğru ya da eksik tarafını irdelemek değil buradaki amaç. Harflerin kullanım alanlarından önceki, Orijin Harflerden Kesik Harflere geçişindeki yolculuğu ele alındı. Anlamı bilinmeden telaffuz edilen bu harflerin yaşamımızdaki etkileşimlerine, bir öz farkındalık getirelim istedim. Çok dikkatli olmalıyız. Harfler ilmini bilmeden yapılan en küçük hata, yaşamımızın gidişatını değiştirecek şekilde sonuçlanabilir. Şimdi, *Elif, Lam, Mim* Mukattaa Harflerine yakından bakalım.

Örnek olarak herkes yediği yemeğin malzemesini merak eder. Nasıl hazırlandığının tarifini öğrenmek ister. Hatta hazırlandığı mutfağın steril ve temiz olup olmadığına kadar detaylı sorgulama yapar. Çünkü o yemek, vücuduna girecektir, önem verir. Fakat aynı kişiye *Elif, Lam, Mim harflerini 8 aded tekrarla, sonra da nefesini içine çek* dense, hiç sorgulamadan bunu uygulayabilir. Neden *bu harfler* diye sormaz belki. Neden *8 aded de, 9 değil? Neden nefes içeri çekilecek de, dışarı verilmiyor?* Bunları elbette merak edenler cevaplara ulaşabilir.

Çoğu sorgulamaya ihtiyaç duymaz: Çünkü o Harfler kutsal kitap ayetleridir. Ve bunu uygulamış kişilere büyük yararlar sağlamıştır, güvenir. Öneren kişi de güvenilirdir, bu da tamam. Geriye sadece tek bir şey kalır. Derhal uygulama alanına almak ve tatbikatına başlamak.

Toplumumuzda, doktora gitmeden tavsiye üzerine ilaç içen yüzlerce kişi olduğuna göre, harflerin de ilmine ulaşmadan, ne anlama geldiğini araştırmadan derhal uygulamaya başlayanların olması da, çok şaşırılacak bir durum olmasa gerek.

Nasıl ki Tıp ilmi, *hastalık yok hasta var* öğretisi ile tedavi yöntemi uyguluyorsa, Harfler de *kişiye uygun bir uygulama yöntemi* içermelidir. Çünkü her insan başlı başına bir organizasyondur. Ve biri diğeri ile benzerlik taşımaz. Kısaca insanlık aynı fabrikasyon ürünü değildir. Her insan kendi şahsına uygun özellikler taşır. Her insanın duygu, düşünce, fikrî ve ruhî yetenekleri mevcuttur. Ve ne yapıyorsa, bunun etkisel ve tepkisel sonuçlarını, yine kendi başına göğüsleyecektir.

Şimdi, sırayla Mukattaa Harflerinin yazılışlarındaki *şekil sembollerini, söylenişlerinde ortaya çıkan Harfleri ve gizli seslenişlerinde* ortaya çıkan Harfleri, ayrıca ne anlamlara geldiklerini, gizil güçlerini, kuvve etkilerini, birbiri ile şekilsel benzer taraflarını ya da benzersiz oluşlarını, varsa ortak özelliklerini okuyalım. Bu ifadeler tamamen araştırmalarım, ustalarımdan aldığım ilmî bilgiler ve yersel/göksel ilhamlarımdır. Bir alıntı yapmaya ihtiyaç duymuşsam, mutlaka kaynağı, yazarını ayrı bir paragrafta dipnot yapmadan belirttim. Siz de bu kitaptaki bilgilerden herhangi bir *alıntı* yapma ihtiyacı duyarsanız, lütfen *kaynağını* belirtmelisiniz.

Bâtına Açılan Nun (ن) Kapısı

Nasıl bir zarafettir ki kendini Nun Harfinde belli etmiş. Öyle bir tarif etsem, Nun Harfini anlatabilsem. Sanki ilahiliğin yeryüzündeki temsilcisi. Yay uzunluğu yeryüzünü, üzerindeki nokta ise hiç yalnız olmadığımızın bir işareti gibi. Hani deniyor ya, kimsesizlerin kimsesi. İşte bu tanıma Nun Harfi tam uyuyor. Hep sizinleyim, daima sizdeyim tanımları Nun Kesik Harfinin açılımı adeta. Nun Harfinin cismi ve şekli, tıpkı Ay ve yıldız yere inmiş de insanın avucuna konmuş sanki.

Nun Harfinin, diğer Arap Harfleri ile şekilsel olarak hiçbir benzerliği yoktur. Kısaca benzeri olmayan bir Harftir. Noktalı Harfler grubunda yer alır. Ve ilk göksel Kesik Harftir. Hurûf-i Mukattaa'nın ilk Harfidir. Kesik Harflere, Nun ile açılış yapılmıştır. Bir isim gibi seslendirilmiş. Harflerden oluşmuş bir kelime sanki. Birine ya da bir şeye bir hitap ve sesleniş özelliği var..

Nun Harfi, Arapça'da olduğu gibi, İbranîce'de de Nun Harfidir. Nun Harfi, Arabi, İbranî ve Aramî dillerinde balık anlamına geldiği söylenir. Mısır hiyeroglif alfabesinde Nun Harfi yılana benzetilir ve tohum anlamına geldiği düşünülür.

Nun Mukattaa Harfinin önemli özellikleri vardır ki, bu özellikleri ile diğer tüm Mukattaa Harflerinden ayrılır. Nun, **ilk** söylenen Mukattaa Harfidir. Kalem Suresinin başında **tek başına** yer alır ve **başka sure başlarında bulunmaz**. Tek bir kez söylenmiştir ve tek başına söylenmiştir. Sure başında olmasına rağmen, sureye ismini *vermemiştir*.

Sure No	Sure	Mukattaa Harf	Şekli	İlk kelime
68	Kalem	**Nun**	ن	vel kalemi

Nun Harfinin başka bir önemli özelliği vardır ki, önüne geldiği kelimeyi birinci çoğul olan **biz** yapar.

Kalem Suresi ilk ayetinde, Nun Mukattaa Harfinden hemen sonra **vel** kelimesi gelir. Vel kelimesi, bir yemini ifade eder ki, bu yemin, kaleme ve satır satır yazılanlaradır. Vel kelimesinin ilk Harfi Vav Harfidir. Vav Harfi ile bir yemin mi işaret edilmiştir yoksa Vav Harfine bir atıf mı yapılmıştır bilemiyorum. Nun Mukattaa Harfi gibi, Kaf Suresinde Kaf Mukattaa Harfi ve Sad Suresinde Sad Mukattaa Harfinden sonra da Vav Harfinin gelmesi dikkat çekicidir. Vav Harfinin ebced karşılığı 6'dır. Bu rakam 6 yönü işaret ediyor olabilir. Çünkü tüm cisimlerin *yukarı, aşağı, sağ, sol, ön* ve *arka* olarak 6 yönleri vardır. Ek olarak da kâinatın 6 günde inşa edilmesi (*Secde Suresi 4. Ayet*) çağrışımını yapabilir. Üstelik Matematik, Astronomi ve Müzik teorisinde önemli gelişmelere katkı sağlamış Yunan filozof Pythagoras öğretisinde 6 sayısı, organik ve hayatî varlıkların türlü şekilleridir. Kısaca tüm organik ve hayati cisimlerin *şekilleri* 6 sayısı ile ifade bulur.

Nun Harfi *Nun, Vav, Nun* Harflerinden oluşur. Nun Harfinin sayısal değeri olan ebced değeri 50'dir. Yazılışını meydana getiren Harflerin toplam sayısal değeri Nun 50, Vav 6, Nun 50 olarak, toplam 106'dır. 106'nın Arapça Harflerinde bir ebced karşılığı yoktur. Bu yüzden bu rakamları 100 ve 6 olarak ayırdığımızda, Kaf için 100 ve Vav için 6 sayısal değerleri, *Kaf* ve *Vav* Harflerinin varlığını işaret eder. Nun harfinin gizli seslenen harfleri Kaf ve Vav harfleridir. Nun harfinin yazılışında da karşımıza çıkan Vav harfi, gizli seslenenin de karşımıza çıkmıştır. Ama Vav harfi ile ilgili konu henüz bitmedi. İlerleyen bölümlerde Vav harfinden tekrar bahsedeceğim.

Tabloda da görüldüğü gibi, Kalem Suresinde, **Nun** Mukattaa Harfinden hemen sonra söylenen **vel kalemi** sözünde, **vel** kelimesi Vav, **kalemi** kelimesi de Kaf harfi ile başlar. Nun harfinin gizli seslenen harfleri olan Kaf ve Vav harfleri sanki yerlerini burada işaret ediyor gibidir.

Kur'an-ı Kerim'in ilk Mukattaa Harfi olan Nun, Kalem Suresinin en başında söylenir. Kalem Suresi Nun Mukattaa Harfi ile başlar ve 52 ayetten sonra en son ayetin, en son Harfi yine Nun Harfi ile biter. 52 ayetten oluşan Kalem suresinde, 42 ayetin sonu Nun Harfi ile biter. Geriye kalan 10 ayet Mim Harfi ile biter. Sanki mors alfabesi, ya da müzik notaları gibi bir çağrışım yapar ayet sonlarındaki Harfler. Sanki, Nun ile uzatır, Mim ile duraklar. Ya da Nun ile seslenir Mim ile nefes alır. Muazzam bir armoni gibi Nun ve Mim Harfleri gizli bir sıralanışla ayetleri sonlandırır.

52 aded ayetin sonundaki bitiş Harflerin yan yana gelişleri şöyledir:

Nun, Nun, Nun, Mim, Nun, Nun, Nun, Nun, Nun, Nun, Mim, Mim, Mim, Nun, Nun, Mim, Nun, Nun, Nun, Mim, Nun, Nun, Nun, Nun, Nun, Nun, Nun, Nun, Nun, Nun,

Nun, Nun, Nun, Mim, Nun, Nun, Nun, Nun, Nun, Mim, Nun, Nun, Nun, Nun, Nun, Nun, Nun, Mim, Mim, Nun, Nun, Nun.

Nun Kesik Harfî büyük bir özen ve saygı görmüş hissiyatı veriyor insana. Benzersiz bir saygınlığı barındırıyor özünde. Benim de en çok sevdiğim Mukattaa Harflerden biri oldu. Sanki parmak izi gibi mührünü vurmuş ve kendini muhafaza ederek açığa çıkarmış.

Nun Mukattaa Harfî, birçok kişi tarafından balık ya da hokka anlamında kabul edilmiş. Diğer bazı kişilerce de şöyle anlamlara geldiği düşünülmüş: Sümer Medeniyetine baktığımızda, İlahları arasında Enki (Enkil) Suların İlahıdır. Antik Mısır'a baktığımızda, Nun, Kâinatın yaratıldığı ilk Suların İlahıdır. Arap Harflerinden Nun Harfine baktığımızda, daha çok balık anlamında kullanıldığı için suyu işaret ettiği düşünülmüştür. Bu benzerlikler Nun Mukattaa Harfinin Suyu temsil etmesi olasıdır. Yaradılışın da sudan var olduğunu düşünürsek çok da yanılmış olmayız. **Kûn** yani **Ol** kelimesi de Kef ve Nun Harflerinden oluştuğuna göre Nun ile ilk belirişin su olabileceği de muhtemeldir.

Kef ve Nun harflerinin ortak bir özelliği vardır: Kef harfi Meryem Suresinin başında, Nun harfi de Kalem Suresinin başında tek bir kez söylenmiş ve başka Sure başlarında, ikinci bir tekrarı olmamış iki Mukattaa Harftir.

Nun Harfinin Yay gibi kıvrılan şeklinin üzerinde ne de güzel bir nokta vardır. Bu nokta ki Göksel yardımın adeta işareti gibidir. Geceleyin Gökte parlayan bir yıldızın da vurgusunu yaparcasına muhteşem bir görsel şölen sunar bize. Yıldızların konumlarına yemin eden kutsal ayetin de hatırımızda canlanmasına sebep olur. İşte o yıldızdır ki, yay gibi kıvrılan şeklin önünde konumunu almıştır. Bir o kadar canlı, bir o kadar parlak. Sanki dünyanın bir yarısından geceleyin göğe bakarız da o parlak yıldızı orada görürüz gibi. Ya da hilalin önünde belirmiş canlı ve parlak bir yıldız gibi. O yıldız hep oradadır sanki. Tek başına, bir başına. İşte o yıldız, yalnızlığın fakat yalnızlıktaki çokluğun ifadesi gibi konumunu almıştır. Bize yalnız olmadığımızı anlatır. Tekliğinin içinde bizliği yansıtır. Beni benden alır, Bize çoğaltır.

Nun harfinin hilali ve laleyi andıran **yay** şeklinin çok önemli bir özelliği vardır. Hilal kelimesinin ebced değeri 66'dır. Hilal kelimesinin Mukattaa Harfleri ile yazılışı: He için 5, Lam için 30, Elif için 1, Lam için 30 toplam 66 sayısal değere karşılık gelir. Allah kelimesinin, ebced karşılığı da 66 sayısına denk gelir. Allah kelimesinin Mukattaa Harfleri ile yazılışı: Elif için 1, Lam için 30, Lam için 30, He için 5 toplam 66 sayısal değere karşılık gelir. Hilal ve Allah kelimelerinin ortak özellikleri 66 ebced karşılığıdır. İslâm dininde Hilal şeklinin yaygın kullanılışı bu özelliğinden kaynaklanıyor olabilir. Ayrıca Hilal şeklinin Türk bayrağında yer alması ve mimari sanat eserlerinde yaygın kullanılışı da Allah ismine işaret olduğu düşünülebilir.

Lale kelimesinin de ebced karşılığı 66'dır. Kadim zamanlarda, Ebced değerleri birbirinin aynı olan kelimelerde, birinin söylenişi diğerinin de mecazen zikredilişi anlamına geldiği varsayılırdı. Lale ve Hilal kelimelerinin, divan edebiyatında sıkça söylenmesi, Hilal şeklinin cami, minare ve bayraklarda yer alması, tasavvuf edebiyatında bu iki kelimeye sıkça rastlanmasının neye işaret olduğunu böylece belirtmiş oldum.

Nun Mukattaa Harfinin benzersiz şekli, anlamına ilişkin varsayımları ve örnekleri burada bitirebilirim. Bir küçük alıntı ve kaynağını da, zihinlerimizde bir çağrışım yapabileceğini umarak şöyle aktarabilirim:

Tabletlerde tanrıları belirtmek için kullanılan sembol veya Harfin önüne bir yıldız işareti konulur, bu yıldız işareti dingir kelimesiyle ifade edilerek, kullanılan kelimenin tanrıyı kastettiği vurgulanırdı. Bu yıldızın yalnız başına bulunduğu anlardaki özel manası ise An'dır / **Gerey, Begmyrat, 5000 Yıllık Sümer-Türkmen Bağları, IQ Kültür Sanat Yayıncılık, İstanbul 2005, s. 90-91**

Bâtına Açılan Kaf (ق) Kapısı

Arapçada şekil olarak benzer Harfler grubundadır. Noktalı bir Harftir. Şekli itibari ile fazladan bir nokta, Arapça Kaf Harfini, Arapça Fe Harfinden ayırır. Ayrıca Kaf harfi ile Vav harfinin de Arapça yazılışında, şekilsel olarak şaşırtıcı bir benzerliği vardır.

Kaf Harfi, Kur'an-ı Kerim'in iniş sırasına göre, Mukattaa Harflerinde ikinci sırada yer alır. Sure başında yer alır ve sureye ismini verir. Kaf Mukattaa Harfini, diğer Mukattaa Harflerinden ayıran bir özelliği vardır. Hem bulunduğu sureye ismini verir ve tek başına yer alır, hem de başka bir sure başında diğer Mukattaa Harfleri ile bulunur ve sonunda yer alır.

Sure No	Sure	Mukattaa Harf	Şekli	İlk kelime
50	Kaf	**Kaf**	ق	vel kur'anil
42	Şura	Ha Mim Ayn Sin **Kaf**	ق س ع م ح	kezalike

Kaf Harfinin İbranî dilindeki karşılığı Qof Harfidir. Mısır hiyeroglif alfabesinde ufukta beliren güneş şeklinde çizilir. Güneşi sembolize ettiği düşünülür.

Kaf Harfinin sayısal değeri 100'dür. Kaf Harfini oluşturan Harfler *Kaf, Elif, Fe* Harfleridir. Kendini oluşturan Harflerin sayısal değerleri ile toplandığında, Kaf Harfinin Bâtını sayısal değeri 181 olur. Kaf 100, Elif 1, Fe 80.

181 Bâtıni sayısal değerinin Arapça Harflerinde sayısal değer karşılığı yoktur. Öyleyse 100, 80 ve 1 olarak ele alabiliriz. Bu sayısal değerlerin karşılığı bize *Kaf, Fe, Elif* Harflerini işaret eder.

Kaf Harfini oluşturan Harfler **Kaf, Elif, Fe** idi ve batını sayısal değeri 181 olarak belirlenmişti. Batın sayısal değeri de bize **Kaf, Fe, Elif** Harflerini verdi ve onların da toplam sayısal değeri 181 olarak belirlendi. Harfler yer değiştirdi lakin sayısal değer yine 181 olarak mühürlendi.

Kaf Mukattaa Harfi gırtlaktan güçlü bir ses ile çıkar. Baskın bir karakteri vardır. Nun Mukattaa Harfi kadar ince, narin ve zarif bir yapıda değildir. Sanki ses getiren gücün ve zirvenin habercisi gibidir. Zaten 100 ebced değerine sahip olması da tesadüf olmasa gerek. 100 sayısal değeri ile gücü, zirveyi ve tam puanı temsil eder gibidir. Zira Arapça Harflerin sayısal değerleri Kaf Harfinden sonra 100'erli şekilde, katlanarak gider. Kısaca Kaf Harfi 100'lük sayısal değerlerin ilk temsilcisidir. Bir dağ misali dikilir ve zirveyi korur.

Kaf Mukattaa Harfi, bize gücü ve zirveyi belirttiği kadar, devri daimi ve korunaklı bir yapıyı da hissettirir. Sanki ödün vermemeyi, dik durmayı, asla vazgeçmemeyi, şerefi ve üstünlüğü ilham eder. Bir şeyi daha işaret eder ki, güvenilir oluşu.

BÂTINA AÇILAN KAF KAPISI

Kaf Suresinde, Kaf Mukattaa Harfinden hemen sonra Mecid Kur'an'a yemin etmesi ve Kur'an kelimesinin Kaf Harfi ile başlıyor olması, bu Harfin üstünlüğüne işaret gibidir.

Bâtına Açılan Nun Kapısı bölümünde anlattığım gibi, Kalem suresinde Nun Mukattaa Harfinden hemen sonra söylenen **vel kalemi** kelimelerinin Vav ve Kaf harfleri ile başladığını belirtmiştim. Benzer oluşumu Kaf Suresinde, Kaf Mukattaa harfinden sonra söylenen **vel kur'anil** kelimelerinde de rastlamak mümkün. Kaf Mukattaa Harfinden hemen sonra söylenen vel kur'anil kelimelerinde vel kelimesi Vav, kur'anil kelimesi de Kaf harfi ile başlar. Nun Mukattaa harfinde olduğu gibi, Kaf Mukattaa harfinde de **Vav** ve **Kaf** harfleri ikilisi yine karşımıza çıkmaktadır.

BÂTINÎ KAPILAR HURUF

Bâtına Açılan Sad (ص) Kapısı

Arapçada şekil olarak benzer Harfler grubundadır. Noktasız bir Harftir. Bir nokta ile Dad Arapça Harfinden şekil itibari ayrılır.

Sad Harfî, Kur'an-ı Kerim'in iniş sırasına göre, Mukattaa Harflerinde üçüncü sırada yer alır. Sad Mukattaa Harfinin diğer Mukattaa Harflerinden ayıran bir özelliği vardır. Hem bulunduğu Surenin başında ve tek başına yer alır, Sureye ismini verir. Hem de diğer Mukattaa Harflerle kombine şekilde başka sure başlarında, son sırada yer alır.

Sure No	Sure	Mukattaa Harf	Şekli	İlk kelime
38	Sad	Sad	ص	vel kur'ani
7	A'raf	Elif Lam Mim Sad	ا ل م ص	kitabun
19	Meryem	Kef He Ye Ayn Sad	ك ه ي ع ص	zikru

Sad Mukattaa Harfi de, Kaf Mukattaa Harfi gibi, bulunduğu sureye ismini verir.

Sad Harfinin İbranî alfabesindeki karşılığı Sadi Harfidir. Mısır hiyeroglif alfabesinde yan yatan bir adam şeklinde çizilir. Av, av eti, kovalamak, yakalamak, peşine düşmek ve beklemek gibi anlamlara geldiği düşünülür.

Nun Mukatta Harfinden hemen sonra Kaleme ve yazdıklarına yemin eden Kalem Suresi, Kaf Mukattaa Harfinden hemen sonra Mecid Kur'an'a yemin eden Kaf Suresindeki gibi Sad Suresi de, Sad Mukattaa Harfinden hemen sonra Zikr Sahibi Kur'an'a yemin ederek başlar.

Sad Harfinin sayısal yani ebced değeri 90'dır. Arapça Harflerinde onluk sistemin son temsilcisidir. Sad Harfini oluşturan Harfler *Sad, Elif, Dal* Arapça Harfleridir. Bu Harflerin sayısal değerleri Sad 90, Elif 1, Dal 4 olmaktadır. Toplamı ise Sad Harfinin Bâtıni sayısal değeri olan 95'i verir. 95 sayısal değerinin Arap Harflerinde tam bir karşılığı olmadığı için 90 için Sad ve 5 için He olarak belirlenir. Böylelikle Sad Harfinin bâtıni sayısal değerinden ulaşılan Harfler *Sad* ve *He* dir.

Bâtına Açılan Nun Kapısı ve **Bâtına Açılan Kaf Kapısı** bölümlerinde Nun Mukattaa Harfinden hemen sonra söylenen **vel kalemi** kelimelerinin Vav ve Kaf harfleri ile başladığını, Kaf Mukattaa Harfinden hemen sonra söylenen **vel kur'anil** kelimelerinin Vav ve Kaf harfleri ile başladığını belirtmiştim. Benzer oluşumu Sad Suresinde, Sad Mukattaa harfinden sonra söylenen **vel kur'ani** kelimelerinde de rastlamak mümkün. Sad Suresinde, Sad Mukattaa Harfinden hemen sonra söylenen **vel kur'ani** kelimelerinde vel kelimesi Vav, kur'ani kelimesi de Kaf harfi ile başlar. Kısaca, Nun, Kaf ve Sad Mukattaa harflerinden sonra söylenen kelimeler Vav ve Kaf harfleri ile olarak karşımıza çıkmaktadır.

BÂTINA AÇILAN SAD KAPISI

Vav (و) ve Kaf (ق) harflerinin Arapça yazılışları da şaşır-
tıcı bir benzerlik taşır. Vav ve Kaf harfleri bize 6 yöne yapılan
muazzam bir güçlü etkinin habercisi gibidir. Ve bu üç güçlü
Mukattaa Harflerinden (Nun, Kaf, Sad) hemen sonra Vav ve
Kaf harflerinin söylenmesi de şaşırtıcı bir tesadüf olmasa gerek.
Belki de bize vuku bulacak bir vakadan haber veriyor olabilir.
Vakıa Suresinin ilk ayeti olan "O **vaka vuku** bulduğu zaman"
sırrını çözdüğümüz zaman öğreneceğiz belki de.

Sad Mukattaa Harfi, Nun ve Kaf Mukattaa Harfleri gibi bir
ismi çağrıştırır ve bir kelime anlamına da gelebilir. Her üç Mu-
kattaa Harfi de bir sesleniş ve bir çağrıyı ifade ediyor izlenimi
verir: Nun Harfinin Bizlik anlayışı, Kaf Harfinin Yüceliği işa-
ret ediyor oluşu gibi Sad Harfi de Sada gibi yankıyı, Sade gibi
Basitliği (elBasid), vasad ile kalıcılığı, Sıdk ile Sadakati temsil
ediyor olabilir.

Nun Mukattaa Harfinde olduğu gibi zarafet ve incelik ol-
masa da, Kaf Mukattaa Harfindeki baskın karakteristik özelliği
Sad Mukattaa Harfinde de bulmak mümkündür. Her üç Mu-
kattaa Harfinin ortak özelliği Kur'an ve satırlarına and ederek
Yüceliğini mühürlemesidir.

Küçük bir alıntı ve kaynağını da belirterek zihinlerde bir
çağrışım yapmasını umuyorum:

*Gönül padişahı, Âlem Tanrının nazargâhıdır. Sa'd bini Ab-
dullah eder. Hakk ile cümle nesne arasında perde vardır, gönül ile
Hakk arasında perde yoktur. Nazar, Ayn bakışı yani Hakkın gözü
ile bakar ve Hakkın nuru ile görür, velâyeti tamamlayarak sıd-
dîklik makamına hak kazanır. Gönül padişahı, Âlemlerin Rabbi
bakışındadır. Yani Gönül padişahının bakışı, Âlemlerin Rabbi ba-*

kışıdır. Gönül gözü ile bakarsan, Rabbin bakışı ile bakmış olursun. Hakk senin gönül gözünün bakışından bakar. İşte böylece Sa'd yani arzda gezen ulaşmış olursun, yani Hakkın gözü, eli, ayağı olursun. Sa'd Abd yani, Arzda kul olma meselesi. Abd kelimesi, kul olma anlamındadır. Ki, Kutsal kitapta, katımızdan ilim verdiğimiz kul, sadıklardan bir kul, diye bahseder. Kul olmak, tüm mahlûkat ve nesnelerin arasında en şerefli olan, seçilmiş, öz dost ve Hakkın eli ayağı olan anlamındadır. Bu yüzden Hak ile tüm kâinattaki varlıklar arasında perde vardır, ancak insan gönlü ile Hak arasında perde yoktur. Gönlünü keşf eden, gönlüne ulaşan, kul olur. / **Kevser Yeşiltaş, Hacı Bektaş Veli Işık Eri Hünkar Hacı Bektaş, Yeni Edisyon, Dünya basım Bookcity.Co-UK ve Türkiye basım Güzeldünya Kitapları, İstanbul 2018, sf. 66**

Bâtına Açılan Elif (١) Kapısı

Kâinatın, gözle görülemeyen fakat varlığı bilinen kahramanı olarak nitelendirdiğim bir Harftir Elif Harfi. Muhteşem anlamı ve yer ile gökler arasındaki irtibatı işaret eden bir şekli vardır. Noktayı yerde koyarsın göklerde bitirirsin. Ya da ayna yansımasını düşünürsek noktayı göklerden başlatırsın yerde sonlandırırsın.

Elif Harfi bir Mukattaa Harftir fakat sure başlarında, Nun, Kaf ve Sad Mukattaa Harfleri gibi tek başına yer almaz. Diğer Mukattaa Harfleri ile bir Harf kombini oluşturarak bulunduğu Sure başlarında ve daima en başta yer alır:

Sure No	Sure	Mukattaa Harf	Şekli	İlk kelime
7	A'raf	Elif Lam Mim Sad	ص م ل ا	kitabun
10	Yunus	Elif Lam Ra	ر ل ا	tilke ayatul
11	Hud	Elif Lam Ra	ر ل ا	kitabun
12	Yusuf	Elif Lam Ra	ر ل ا	tilke ayatul

Sure No	Sure	Mukattaa Harf	Şekli	İlk kelime
15	Hicr	Elif Lam Ra	ر ل ا	tilke ayatul
31	Lokman	Elif Lam Mim	م ل ا	tilke ayatul
14	İbrahim	Elif Lam Ra	رٓ ل ا	kitabun
32	Secde	Elif Lam Mim	م ل ا	tenzilul
30	Rum	Elif Lam Mim	م ل ا	gulibetir
29	Ankebut	Elif Lam Mim	م ل ا	E Hasiben
2	Bakara	Elif Lam Mim	م ل ا	zalikel
3	Ali İmran	Elif Lam Mim	م ل ا	Allahu la ilahe
13	Ra'd	Elif Lam Mim Ra	ر م ل ا	tilke ayatul

Elif Harfinin, Nun Harfinde olduğu gibi, eşi benzeri yoktur. Yani diğer Arap Harflerle şekilsel bir benzerlik taşımaz. Noktasız bir Harftir. Nun Mukattaa Harfinde olduğu gibi zarafeti derinden hissettirse de, Elif Mukattaa Harfî gerçekte, incelikteki öncülüğü ve zarafetteki baskın oluşu ifade eder.

Elif Harfî, çeşitli anlamlara gelse de, baskın ve temsil ettiği anlam, **İlk** ve **Sevgidir**. Harflerin varoluşunda *öncülüğü sevginin* yaptığını işaret eder ve insanların da Harfleri kullanırken **sevgiyi ilk** hedef olarak amaç edinmelerini vurgular.

Elif Harfinin İbranî dilindeki karşılığı Alîf Harfidir. Mısır hiyeroglif alfabesinde öküz başı olarak çizilir. Gücü ve liderliği temsil ettiği düşünülür.

Elif Harfî, *Elif, Lam, Fe* Harflerinden oluşur. Elif Harfinin sayısal(ebced) değeri 1 olarak belirlenmiştir. Elif Harfini oluşturan *Elif, Lam, Fe* Harfleri sayısal(ebced) değerleri: Elif için 1, Lam için 30 ve Fe için 80 sayı değerleridir. Kısaca, Elif Harfini oluşturan Harflerin sayısal değerleri toplamı, Elif Harfinin Bâtınındaki sayısal değerini verecektir. Toplam 111 sayısını. Elif Harfinin Bâtınındaki Ebced değeri 111 olacaktır. Arapça Harflerde, 111 sayısı tek başına herhangi bir Harfin ebced değerine denk gelmez. 100, 10 ve 1 olarak ayrılır. Bu rakamların temsil ettiği sayısal değerler de 100 için Kaf, 10 için Ye, 1 için Elif'tir. Hurûf-i Mukattaa olan Elif Harfinin seslenişindeki Harflerle ilk ortaya belirişi *Kaf, Ye, Elif* Harfleridir.

Elif kâinatın simgesi gibidir. Her olup bitenden haber verir gibi dik durur. Görünmeyendir, ancak o olmadan hiçbir şey görünür olmaz. Görünmeyenin, görünür oluştaki gerçekliğidir. Elif Harfinin şekilsel olarak noktası yoktur ama noktalar bütününden oluşur. Noktadan yansıyan dikey plânın madde âlemlerine inen nurudur. Her yerdedir, ama hiçbir yerde değildir. Tüm varlıkların aldığı yoldur. Elif olmadan hiçbir varlık âlemlerde görünür hale gelemez. Elif olmadan varlıktan bahsedilemez. Göklerden eğilir yolunu çizerek yere iner ve işi bitirir. Ya da yerden göklere uzanır ve işi tamamına erdirir. Daima Ben *Buradayım* ya da *Sizinleyim* gizli mesajlarından haberdar eder bizi.

Elif Harfinin kabul edilen sayısal değerinin 1 olduğunu belirtmiştim. 1 rakamının Arapça ismi Vahid kelimesidir. Vahid ismi *Vav, Elif, Ha, Dal* Arapça Harflerinden oluşur. Her birinin sayısal değer karşılıkları Vav için 6, Elif için 1, Ha için 8, Dal için 4 tür. Bu rakamların toplamı 19 sayısını verir. Bu sayı bize *"üzerinde on dokuz var"* ayetini hatırlatıyor. (Kur'an-ı Kerim Müddessir Suresi 30. Ayet) Elif Harfinin anlam bütünlüğünün, yaşamın her anında olduğunu belirtmek mümkün. Gizli ve görünmeyen bir enerji gibi her an bizimle. Soluduğumuz hava gibi, göremediğimiz ruhumuz gibi, bize canlılığımızı veren her hücremizde taşıdığımız can gibi, ellerimizi göğe kaldırarak yakardığımız, bahşettikleri için teşekkür ettiğimiz Yücelik gibi. Yaşamımızın her anına nüfuz etmiş, gözle görülemeyen fakat varlığı bilinen bir kahramanı gibi daima bizimle ve eli hep üzerimizde.

İşte Elif Harfinin o muazzam varlığı, *on dokuz* olarak, üzerimizde etkin ve etkili bir sistemin varlığını işaret ediyor. Bu işaret, *"Ademe bütün isimleri öğretti"* bilgisinin çarpıcı bir destekçisi gibi Kur'an-ı Kerim, Bakara Suresi 31. Ayetinde karşımıza çıkıyor. Her Harfin, her sayının bir isim karşılığı olduğunu artık biliyoruz. Ve bütün isimlerin İnsanın bilgisi dâhilinde olduğunu da öğrenmiş oluyoruz.

Ademe bütün isimleri öğretti kelimesini, var olan *isimlerin* öğrenilmesi değil, **tanım koyma yetkisinin** verilmesi olarak da düşünmeliyiz.

Hayvan, nebat ve eşya olarak gördüğümüz ne var ise, tanım koyma ve adlandırma gibi bir takım işlemleri gerçekleştiremez. Onlar kâinat oluşumlarını gözlemci durumundadırlar.

Fakat insana oluşumları tanımlama ve ad koyma yetkisi verilmiştir. Bu da kutsal ayette *"isimleri öğretti"* olarak geçmektedir. Tanımlama ve ad koyma işlemine öyle basit bakılmamalıdır. Kavrayış ve anlayış sonucu bir işlemin *isimlendirilmesi* çok önemlidir. Çünkü belirlenen isim, bütün işlemin ana fikrini, parmak izini ve özünü taşır.

Daha sonraki paragraflarda da bahsedeceğim gibi, kadim zamanlarda yeni doğan bir bebeğe hemen isim konmazdı. O bebeğin ergenleşip bir oluşum gerçekleştirmesi ve yeteneklerinin ortaya çıkması beklenir ve karakterine uygun bir isim seçilirdi. Fakat günümüzde bu artık mümkün olamıyor. İnsanların büyük çoğunluğu, karakterine ve yaşam tarzına uygun olmayan isimleri taşıyorlar. Bu da haliyle *isminden telif hakkının* çalışma prensiplerinde, kişilere büyük bir yük yüklüyor. Bu konuyu ileriki bölümlerde daha detaylı olarak aktardım.

İsim koyma ve tanım koyma yetkisi sadece insanlara konan adlar ile ilgili değildir. İlim, bilim, sanat, sanayi, devlet işleri, tıp, hastalıklar, astronomi, astroloji gibi daha sayamadığımız bir çok alanda yapılan tanımlara konan isimleri de kapsar. İşte bu isim koyma yetkisi ademe ve onun nesline bahşedilmiş bir özelliktir. İsimleri öğrenmek demek, isim koyma yetkisine sahip olmak demektir. Bu da insan denen canlının *nefsini, idrakini, kavrayış* ve *anlayış* yeteneğinin varlığından haberdar eder bizi.

BÂTINÎ KAPILAR HURUF

Bâtına Açılan Lam (ل) Kapısı

Lam Harfi, Elif ve Nun Harfleri gibi Arapça Harfler arasında şekilsel olarak benzemez Harfler arasındadır. Yani diğer Arap Harflerle şekilsel bir benzerlik taşımaz. Noktasız bir Harftir. Sayısal değeri (ebced karşılığı) 30 rakamıdır.

Lam Arapça Harfi, Aramîce ve İbranîce'de Lamed ya da Lamad olarak karşılık bulur. Mısır hiyeroglif alfabesinde asa ya da baston şeklinde çizilir. Arapça Lam Harfi, Mısır hiyeroglif çizimi ile benzerlik taşır. Otoriteyi temsil ettiği düşünülür.

Lam Harfi bir Mukattaa Harftir fakat sure başlarında, Nun, Kaf ve Sad Mukattaa Harfleri gibi tek başına yer almaz. Diğer Mukattaa Harfleri ile bir Harf kombini oluşturarak, bulunduğu Sure başlarında, Elif Mukattaa Harfinden hemen sonra daima ikinci sırada yer alır:

Sure No	Sure	Mukattaa Harf	Şekli	İlk kelime
7	A'raf	Elif Lam Mim Sad	ا ل م ص	kitabun

BÂTINÎ KAPILAR HURUF

Sure No	Sure	Mukattaa Harf	Şekli	İlk kelime
10	Yunus	Elif Lam Ra	الر	tilke ayatul
11	Hud	Elif Lam Ra	الر	kitabun
12	Yusuf	Elif Lam Ra	الر	tilke ayatul
15	Hicr	Elif Lam Ra	الر	tilke ayatul
31	Lokman	Elif Lam Mim	الم	tilke ayatul
14	İbrahim	Elif Lam Ra	الر	kitabun
32	Secde	Elif Lam Mim	الم	tenzilul
30	Rum	Elif Lam Mim	الم	gulibetir
29	Ankebut	Elif Lam Mim	الم	E Hasiben
2	Bakara	Elif Lam Mim	الم	zalikel
3	Ali İmran	Elif Lam Mim	الم	Allahu la ilahe
13	Ra'd	Elif Lam Mim Ra	المر	tilke ayatul

Lam Harfi, *Lam, Elif, Mim* Harflerinden oluşur. Lam Harfinin kabul görmüş ebced(sayısal) değeri 30'dur. Lam Harfini oluşturan *Lam, Elif, Mim* Harflerinin kendi sayısal değerleri toplamı bize Lam Harfinin Bâtını ebced değerini verir, yani 71 sayısını. Lam için 30, Elif için 1, Mim için 40, toplam 71 Bâtıni sayısal değeri ortaya çıkar. 71 sayısının Arap Harflerinde bir sayı değeri olmadığı için 70 ve 1 olarak ele alınır. Bu rakamlar da, Ayn için 70, 1 için Elif Harfine denk gelir. Lam Harfini oluşturan *Lam, Elif, Mim* Harflerinin yanı sıra Bâtıni sayı değerinden *Ayn* ve *Elif* Harfleri meydana çıkar.

Lam Harfi, bulunduğu kelimeleri zenginleştirir. Sert Harflerden sonra söylenirse boğazı ve dili rahatlatır. Kelimeye büyük bir servet katar. Aynı zamanda kelimenin şiddetini ayarlar ve kelimeyi rahat anlaşılır bir kıvama getirir.

"İnsanın Hakikati değişmez, fakat dünya ortamlarında insan bir değişimdedir" ifadesinin ne de güzel bir yansıması olduğunu hissettiriyor Lam Mukattaa Harfi. Hayat boyu yaşanan acıların ve sevinçlerin bir amacı olduğunu anlatıyor sanki. Parlak ışık-

lar uzun gölgeler yaratır misali. Sure başlarında Elif Mukattaa Harfinden hemen sonra söylenen Lam Mukattaa Harfi, bize o gölgelerin altında serinleme ve mola verme imkanı sunuyor. "Ne yaparsanız yapın, huzurla yapın. Hedefinizi bölümlere ayırın. Uzun bir yol vazgeçmeyi de beraberinde sürükler. Molalar cesaretlendirir." Mesajını kulaklarımıza doğru fısıldıyor adeta. Sonrasında, kucak açıyor, sarıp sarmalıyor. Yaralarımızı iyileştirip, huzurumuza esenlik katıyor. Lam Mukattaa Harfi, yaşam yolculuğunda kararlılığı ve bir emin oluşu temsil eden bir bilgiyi de bahşediyor sanki. İmanı tam olan için yolun kolaylanmasıdır Lam Mukattaa Harfi.

Elif ve Lam Mukattaa Harflerinin söylendiği toplam 13 Sure var. Bu da, 13 adet Elif Mukattaa Harfi, 13 adet Lam Mukattaa Harfi demektir. 13 sayısı bir tamamlanış sonrası, bir sonraki evreye atlayışın simgesi gibi. 13 sayısı birçok toplulukta olumsuz bir rakam olarak görülse de, bu tamamen bir zandır ve asılsızdır. Bu rakam bize büyük bir gerçeği yansıtıyor. *"Bir işi bitirir bitirmez diğerine geç"* sinyali sanki. Durmak yok, yola devam!

13 sayısının *olumsuz etkilerini* kabul edenler için minik bir açıklama yapmak istiyorum. İhlas suresinde geçen Allah'ın Tek olduğunu vurgulayan ve Allah esmalarından biri olan Ahad kelimesinin ebced yani sayısal karşılığı 13'tür. (Ahad kelimesi Elif için 1, Ha için 8 ve Dal için 4 Harflerinden ve o Harflerin sayısal değerlerinden oluşur. Toplam 13 sayısal değerindedir.)

Lam ve Elif Harflerinin birlikteliği Arap Harflerine bir yenisini katar. LamElif (لا) Harfini. Sure başlarında yer alan Elif ve Lam Mukattaa Harfleri daima Elif ve Lam sırası iledir. Sure başlarında bulunduklarında, Elif ve Lam Mukattaa Harfleri hep birliktedirler, ayrı ayrı yerlerde geçmezler ve birbirlerinden ayrılmazlar. **Elif** ve **Lam** ikilisi gibi, kopmaz bir şekilde yan yana gelen başka **Mukattaa Harfleri** yoktur.

Lam Mukattaa Harfini oluşturan *Lam, Elif, Mim* açılımında Lam, Eliften önce gelir. LamElif Harfinin birlikteliği gerçek bir manayı işaret eder. LamElif bir olumsuzluk olarak anlam bulsa da, aslında büyük bir hakikatin de mesajını verir. LamElif birlikteliğinde şekilsel olarak hangisinin Lam, hangisinin Elif olduğu ayırd edilemez. Hangisi önde hangisi geridedir bilinemez. Arapça 7 sayısının simgesi olan V şekline benzer bir biçim oluşturur. Göklerden noktayı başlatır yerde bir kıvrımla tekrar göklere uzanır. LamElif Harfi varlıkların ne kadar uzun yol kat etseler de özlerine döneceklerinin bilgisini verir sanki. Dünya yaşamının geçiciliğini ve ebedi hayatın sonsuzluğunu anlatan bir kapı gibidir.

Bâtına Açılan Mim (م) Kapısı

Mim Harfî bir Mukattaa Harftir fakat sure başlarında, Nun, Kaf ve Sad Mukattaa Harfleri gibi tek başına yer almaz. Bulunduğu surelere ismini vermez. Diğer Mukattaa Harfleri ile bir Harf kombini oluşturarak, bulunduğu Sure başlarında daima ikinci, üçüncü ya da son sırada yer alır:

Sure No	Sure	Mukattaa Harf	Şekli	İlk kelime
7	A'raf	Elif Lam Mim Sad	ا ل م ص	kitabun
26	Şuara	Ta Sin Mim	ط س م	tilke ayatul
28	Kasas	Ta Sin Mim	ط س م	tilke ayatul
31	Lokman	Elif Lam Mim	ا ل م	tilke ayatul
40	Mu'min	Ha Mim	م ح	tenzilul kitabi
41	Fussilet	Ha Mim	م ح	tenzilun
42	Şura	Ha Mim Ayn Sin Kaf	ق س ع م ح	kezalike
43	Zuhruf	Ha Mim	م ح	vel kitabil
44	Duhan	Ha Mim	م ح	vel kitabil

Sure No	Sure	Mukattaa Harf	Şekli	İlk kelime
45	Casiye	Ha Mim	ح م	tenzilul
46	Ahkaf	Ha Mim	ح م	tenzilul
32	Secde	Elif Lam Mim	ا ل م	tenzilul
30	Rum	Elif Lam Mim	ا ل م	gulibetir
29	Ankebut	Elif Lam Mim	ا ل م	E Hasiben
2	Bakara	Elif Lam Mim	ا ل م	zalikel
3	Ali İmran	Elif Lam Mim	ا ل م	Allahu la ilahe
13	Ra'd	Elif Lam Mim Ra	ا ل م ر	tilke ayatul

Mim Harfi, İbranîce'de Mem Harfi olarak karşılık bulur. Mim Harfi, Mısır hiyeroglif alfabesinde su dalgaları şeklinde çizilir. Su dalgalarını ve gücü temsil ettiği düşünülür.

Mim Harfi Nun, Elif, Lam Harfleri gibi, şekli itibari ile benzemez Harf gurubundadır. Arapça Harfler arasında, şekilsel olarak hiçbir Harfle benzerlik taşımaz. Noktasız bir harftir. Kabul görmüş ebced değeri karşılığı (sayısal değeri) 40'tır.

Mim Harfi *Mim, Ye, Mim* Harflerinden oluşur. Mim Harfinin ebced karşılığı 40'tır. Kendini oluşturan Harflerin sayısal değerleri ile birlikte Bâtıni sayısal değeri 90'dır. Mim için 40, Ye için 10, Mim için 40 toplam 90 bâtıni sayısal değerini verir. 90 sayısal değeri de Arapça Harflerden Sad Harfine karşılık gelir.

Mim Mukattaa Harfi söylenişinde, sıcaklık, samimiyet, dinginlik, incelik ve sıcaklık hissettirir. İnsanın duygularına hitap eden bir yumuşaklığı vardır. Mim Harfi şekil itibari ile bir dalgaya benzer. Deniz dalgasındaki kabartı Mim Harfine şeklini vermiştir sanki. Dalga sesleri insanı rahatlatır, tıpkı Mim Harfini söylerken de rahatlama hissettiğimiz gibi. Bu bir tesadüf değildir. Çünkü Arşın bile üzerinde yer alan Mai(Su) kelimesi, Mim Harfine benzer şekilde seslendirilir, Mim Harfini çağrıştırır. Bu bir ilahi Sad'dır. İlahi bir Sada. (Mim Harfinin batıni sayısal değerinin Harf karşılığı Sad Harfi olduğunu belirtmiştim). Mim Harfi sessizlin sesi gibi kulaklara hitap eder. Ve bu sesi daima işitenler olacaktır. İşte o ilahi Sada, kafası karışık tüm insanları aydınlık bir dünyaya çağırmaktadır.

Mim Mukattaa Harfi, bize bir işin tamamına erdiğini fakat her şeyin daha yeni başladığını anlatır gibidir. Mim Harfi, kapanışı gerçekleştiren gizil güce sahiptir. Mim Harfindeki bu gizil güç, aslında kapanışın ardından başlangıcın da müjdesini verir. Azalarak yokluğa ermeyen bir ölüm gibidir Mim harfi. Olgunlaşmayı ve sindirimi gerektiren her yaşam evresinde, yeniliği ve tazeliğin habercisidir. *Kendiniz olun* der gibi, bir edası vardır Mim Harfinin. Çünkü Kâinat düzeninde, insanların birbirlerini taklit etmesi kabul edilemez. Herkes kendi çeşitliliğini gözler önüne sermelidir.

BÂTINÎ KAPILAR HURUF

Bâtına Açılan Sin (س) Kapısı

Sin Arapça Harfî, şekil itibari ile benzer Harfler grubundandır. Sin Harfî, noktasız bir Harftir. Şın Harfî ile büyük bir benzerliği vardır. Üzerindeki üç nokta olan Şın Arapça Harfinden şekil olarak ayrılır. Sayısal değer karşılığı 60'tır.

Sin Harfî *Sin, Ye, Nun* Harflerinden oluşur. Sin Harfinin sayısal değeri 60tır. Kendini oluşturan Harflerin sayısal değerleri toplamı Sin için 60, Ye için 10, Nun için 50 dir ve toplam 120 batıni sayısal değerini verir. 100 ve 20 sayısal değerleri de *Kaf* ve *Kef* Arapça Harflerinin sayısal değerlerine denk gelir. (Kaf için 100, Kef için 20)

Sin Harfî, İbranîce'de Sameh Harfî olarak karşılık bulur. Mısır hiyeroglif alfabesinde etrafı koruma amaçlı yapılan çit şeklinde çizilir. Diken, çalılık ve savaşçı anlamlarına geldiği düşünülür.

BÂTINÎ KAPILAR HURUF

Sin Harfi bir Mukattaa Harftir. Bulunduğu Sure başlarında, tek başına ve en başta yer almaz. Bulunduğu sure başında herhangi bir sureye de ismini vermez. Diğer Mukattaa Harflerinden bazıları ile birlikte ikinci, dördüncü ya da son sırada yer alır:

Sure No	Sure	Mukattaa Harf	Şekli	İlk kelime
36	Yasin	Ye Sin	س ي	vel kur'anil
26	Şuara	Ta Sin Mim	م س ط	tilke ayatul
27	Neml	Ta Sin	س ط	tilke ayatul
28	Kasas	Ta Sin Mim	م س ط	tilke ayatul
42	Şura	Ha Mim Ayn Sin Kaf	ق س ع م ح	kezalike

Sin Harfi şekli itibari ile yay uzunluklarını temsil eder gibidir. Üç yay uzunluğunun yan yana gelişinden oluşur.

Her varlığın bir yörüngesi vardır ve hiçbir varlık diğerinin iradesine müdahalede bulunmaz. Varlıklar iç içe geçmez, birbiri ile kavuşmaz. Ancak yan yana gelebilir. Her varlığın iradesi onun en güçlü uluhiyet alanıdır ve kendi kaynağının temsilcisidir. Varlıkların birbirine müdahale olması düşünülemez, böyle olsaydı varlık olarak kendilerini ifade edemezlerdi. Kâinatın parçaları olarak yer alamazlardı. Kâinat bir kaosa döner, birbiri ile çarpışan, birbirlerinin alanlarına müdahale eden bir sistem meydana gelirdi. Ve kâinat yok oluşa doğru sürüklenirdi. Kâinat yoksa zaten hiçbir şeyin varlığından söz edilemez.

Sin Harfinin şeklinde önemli bir özellik yer alır. Dikkat edilirse, yay uzunlukları yataydadır. Yatayda olması, görünür dünyadaki yay uzunluğunu ifade eder gibidir. Her varlığın birbirleri arasındaki boşluk, bu yay uzunluğundaki mesafeyi temsil eder. Yataydan beslenen varlıkların simgesidir. Yatay enerjiler, yani maddesel ortamın getirdiği ihtiyaçlardır. Fakat bu ihtiyaçlarla varlıklar mesafeli olmalıdır. Mesafe kâinatın varlıklar arası olmaz ise olmazıdır. Kâinat büyük bir boşluktan meydana gelir. Bu da özgür iradenin muhteşem bir göstergesidir.

Küçük bir alıntı ve kaynağını da belirterek zihinlerde bir çağrışım yapmasını umuyorum:

Rabbine verdiği sözü hatırlayanlar, "Sin" kavramındadır. Sin kayıtlar evreninin yansımasıdır. Âlemlerin Rabbi ile bağlantısıdır. Kayıtları tutar, ihtiyaçları belirler. Teması kurar ve aktarır. Kısaca, evrenden Vahyi alır ve "Ta"ya iletir. "Ta" bedendir. Tekâmül eden, gelişen, dönüşen, bilgisini tatbik eden varlığın kendisidir. / Kevser Yeşiltaş, Hallac-ı Mansur Ene'l Hakk Gizli Öğretisi, Yeni Edisyon, Dünya basım Bookcity.Co-UK ve Türkiye basım Güzeldünya Kitapları, İstanbul 2018, sf. 110.

Sin Harfi, birçok tradisyonda ve göreneklerde Ay İlahı olarak nitelendirilmiştir. Bunun doğruluğu kabul edilebilir ya da edilemez. Bu herkesin kendi sorumluluğundadır. Arap putperestleri, henüz İslâm dinini kabul etmeden önce baş putları olan al-İlah gizli mahlası Sin adında bir puta taptıkları söylentisi var. Peki Sin Harfinin Ay ile nasıl bir ilişkisi var şöyle bir göz atalım: Sami kökenli Akadlar, Ay İlahına Sin adını vermişler. Akadlardan önceki medeniyet Sümerler de Ay İlahına Nanna, Nannar veya Suen isimleriyle seslenmişler. Sümerler Nanna-Sin için *ay ışığının parlaklığı* betimlemesini kullanmışlar. Nanna-Sin'in sembolü bir *hilalden* oluştuğu düşünülüyor. Sin Harfi Mezopotamya'da Ay, Antik Mısır'da Güneş olarak kabul edilmiştir diye güçlü rivayetler bulunmaktadır. Bu genel ve anonim bilgiler, ne kadar doğru ya da eksik bilemiyorum.

Bilinen bir gerçek var ki Sin Mukattaa Harfinin geçtiği Kur'an-ı Kerim YaSin Suresi'nde, Güneş ve Ayın birer yörüngeleri olduğu, kendi yörüngelerinde Yüce Kudretin takdiri ile akıp gittikleri ayeti vardır. (Bu ayetleri, Kur'an-ı Kerim, YaSin Suresi 38, 39, 40. Ayetlerde okuyabilirsiniz.) Güneş ve Ay birbirlerine erişemezler ve aralarında hep bir mesafe vardır. Güneş ve Ayın da kendi yörüngelerinde birbirlerine mesafeli olarak hareket etmelerinin Yüceliğin Takdiri olması bize şunu açıklıyor:

Gök cisimlerine, Ay ve Güneşe tapan tüm putperestler için geçmişte ve şimdiki zamanda bir çağrıdır. Taptıkları gök cisimleri de yüce bir kuvve ile hareket ederler. Burada gök cisimlerinin, Ay ve Güneşin değersizleştirilmesi söz konusu değildir. Tam aksine değerlerini yücelten ayetlerin de varlığı bilinmektedir. Çünkü Kur'an ayetlerinde Aya yemin eder, yıldızların yerine yemin eder, dönüp giden geceye ve ağarmaya başlayan sabaha yemin eder. Değersiz kabul edilselerdi eğer, göksel hareketliliğe yemin edilmezdi. Bu çok değerli hareketliliğin **Yüce** bir **Takdir** ile gerçekleştiğine dair, çok açık bir mesajdır.

Bâtına Açılan Kef (ك) Kapısı

Kef Harfî, şekil itibari ile diğer Arapça Harflerle benzerlik taşımaz. Şekil olarak benzemez harflerdendir. Noktasız bir harftir.

Kef Harfi Mukattaa bir harftir. Sure başlarında tek başına yer almaz ve bulunduğu sureye ismini vermez. Diğer Mukattaa Harflerin bazıları ile sadece Meryem Suresinin en başında ve ilk sırada yer alır. Mukattaa Harfleri arasında Nun Harfi gibi Kef Harfi de tek bir kez söylenmiştir. Başka Sure başlarında Mukattaa Harfi olarak yer almamıştır.

Sure No	Sure	Mukattaa Harf	Şekli	İlk kelime
19	Meryem	Kef He Ye Ayn Sad	ص ع ي ه ك	zikru

Kef Harfinin İbranî dilinde karşılığı Kaf Harfidir. Mısır hiyeroglif alfabesinde avuç içi olarak çizilir. Avuç içini ve itaat etmeyi temsil ettiği düşünülür.

Kef Harfi, *Kef, Elif, Fe* Harflerinden oluşur. Kef Harfinin kabul görmüş sayısal değeri 20'dir. Kendini oluşturan Harflerin sayısal değerleri Kef için 20, Elif için 1, Fe için 80'dir. Böylece Kef Harfinin gizlisindeki toplam sayısal değeri 101 olur. 101 sayısının Arapça Harflerinde ebced karşılığı yoktur. Bu yüzden 101 sayısal değeri, 100 ve 1 rakamları olarak ayrışır. Bu da bize 100 için Kaf, 1 için Elif Harfini verir.

Böylece, Kef Mukattaa Harfi söylenişinde *Kef, Elif, Fe* Harflerinden oluşur ve gizlisindeki sayısal değeri bize *Kaf* ve *Elif* Harflerini verir.

Kef Mukattaa Harfinin ne anlama geldiği, âlimler tarafından belirtilmiş olsa da en büyük ilgiyi Arapçası kefâ olan, Türkçede Kâfi olarak bilinen anlamı görmüştür. Kâfi anlamı da, Nisa Suresi 45. Ayette iki defa geçen "kefâ billahi" "Allah Kâfi'dir" olarak belirtilir. Kefâ kelimesi Kef harfi ile başlar. Tek olan Yüceliğin, tüm var olanlar için *yeterli* olduğu bilgisini mühürler.

Kef harfini benzersiz yapan başka bir özelliği de *Kûn* yani *Ol* kelimesi ve sözün devamında fe *yekûn* olarak tekrar Kef harfinin vurgulanmasıdır. Ol, hemen olur ayetinin Latince yazılışı *Kûn Fe Yekûn* yaklaşık yedi surede sekiz adedce tekrarlanır. Kûn kelimesinin Kef ve Nun harflerinden oluştuğunu ve açıklamasını daha önce **Bâtına Açılan Nun Kapısı bölümünde** belirtmiştim. Fakat bu kelimenin devamında söylenen **fe yekûn** farklı bir özellik taşır. En başında Ol derken Kef ve Nun harfleri tek başınaydı. Devamında bu ikili harfe Fe Harfi, Ye harfi, Vav harfi de katılır. Fe harfinin bir bağlaç olduğu düşünülse de, Arapça yazılışında *yekûn* kelimesine bitişiktir.

Kûn fe **yekûn**

İlk **Kûn** kelimesi *Kef* ve *Nun* harflerinden oluşur. Her iki harf de Mukattaa Harflerdir. Kûn kelimesinin ebced karşılığı Kef için 20, Nun için 50 toplam 70'tir.

Fe ye**kûn** kelimesindeki ikinci Kûn kelimesini oluşturan harfler şöyledir: Kef ve Nun harfleri arasına Vav harfi gelir. Kısaca ikinci Kûn kelimesi *Kef, Vav, Nun* harflerinden oluşur. Vav harfi ile ilgili çok fazla açıklamada bulundum. Vav harfi burada da karşımıza çıkmaktadır. Ve ilk Kûn kelimesinin ebced karşılığını 70'den 76'ya çıkarır. (Kef için 20, Nun için 50, Vav için 6). İlk söylenen Kûn ile ikinci söylenen Kûn arasındaki farklılık Vav harfinin ikinci Kûn kelimesine katılışı ile meydana geliyor. Peki ilk Kûn harfinde Vav harfi neden yoktur? Ya da nereye gizlenmişti?

Vav harfi, Nun Mukattaa harfini oluşturan *Nun **Vav** Nun* harflerinden biridir. İlk Kûn kelimesinde Vav harfi Nun harfinin içinde gizliydi, ikinci Kûn kelimesinde Vav harfi kendini meydana vurmuş, açık etmiştir. Gizliden açığa çıkma ile oluşan bu yaratım, güçlü bir ikna sonucu Vav harfinin emre itaatinden kaynaklanır. Vav harfinin Mukattaa Harfler arasında olmayışı ve fakat her fırsatta onlara gizliden katılışı dikkat çekici. Vav harfini de benzersiz kılan özelliği bu olsa gerek.

Peki **fe yekûn** kelimesinde Fe harfi nerede idi ve Ol yani Kûn emri ile nereden ortaya çıktı?

Fe kelimesi de, Kef harfini oluşturan *Kef, Elif, **Fe*** harflerinden biridir. Fe harfi de, yaratım emrine itaat ederek, güçlü ikna ile kendini gizlendiği yerden gün ışığına çıkarmıştır. Elif harfi de, her zamanki gibi gizlide kalmayı tercih ederek, yaratımın üzerinde daima 19 ile var olmaya devam etmektedir. 19 sayısının özelliğini **Bâtına Açılan Elif Kapısı** bölümünde açıklamıştım.

Fe yekûn kelimesinin çarpıcı bir özelliği de Ye harfidir. Ye harfinin bütün özellikleri **Bâtına Açılan Ye Kapısı** bölüm başlığında çok detaylı olarak yer almaktadır.

Kur'an kelimesinin Arapça yazılışı *Kaf* Harfi ile ve Kerim kelimesinin Arapça yazılışı *Kef* Harfi ile başlar. *Kaf* ve *Kef* başlangıç Harfleri Kur'an-ı Kerim ismine farklı bir boyut kazandırır. Kaf Harfinin Gücü, Kef Harfinin de Yeterliliği temsil ettiğini düşünürsek, kutsal vahiy kitabının *Güçlü ve Yeterli* olduğu sonucunu çıkarabiliriz.

Ayrıca **Güçlü** ve **Yeterli** gizli mesajını bir Harfin gizli seslenişinde de tespit etmiştim. Sin Harfinin bâtıni sayısal değerlerinin meydana çıkardığı Harfler de *Kaf* ve *Kef* Harflerinden oluşmaktaydı. (bkz. Bâtına Açılan Sin Kapısı). Sin Harfi gizlisinde açığa çıkardığı *Kaf* ve *Kef* Harfleri ile gücü ve yetkinliği müjdelemektedir.

Bâtına Açılan Ayn (ع) Kapısı

Ayn Harfi, Arapça Harfler arasında şekil olarak benzerlik taşıyan gruptadır. Ayn Harfi, Arapça bir Harf olan Gayn Harfi ile şekil olarak birebir benzerlik taşır, sadece üzerindeki tek bir nokta ile Gayn Harfinden ayrılır. Ayn, noktasız bir Harftir. Ayn Harfi Mukattaa bir Harftir. Sure başlarında tek başına bulunmaz ve bulunduğu sureye ismini vermez. Diğer Mukattaa Harfleri ile birlikte, Sure başlarında, dördüncü ve üçüncü sırada yer alır.

Sure No	Sure	Mukattaa Harf	Şekli	İlk kelime
19	Meryem	Kef He Ye Ayn Sad	ك ه ي ع ص	zikru
42	Şura	Ha Mim Ayn Sin Kaf	ح م ع س ق	kezalike

Ayn Harfi, *Ayn, Ye, Nun* Harflerinden oluşur. Ayn Harfinin sayısal değeri 70'dir. Kendini oluşturan Harflerin sayısal değerleri toplamı Ayn için 70, Ye için 10, Nun için 50'dir. Elde edilen toplam 130 sayısal değeri 100 ve 30 olarak ayrılır. 100 için

Kaf, 30 için Lam. Ayn Harfinin gizlisinden seslenen Harfler *Kaf* ve *Lam* Harfleridir.

Ayn, bir Harf özelliğinin dışında, bakış, göz, pınar anlamına gelen de bir kelimedir. Şekli itibari ile biri dar, diğeri geniş olmak üzere iki yaydan oluşur. Sin Harfi gibi yatayda değil, dikeyde bir hat çizer. Yukarıda kalan parça dar, aşağıya doğru genişleyen bir yay misali. Ayn Harfinin şekli bize Kur'anda Necm Suresi 9. Ayeti hatırlatıyor. *"İki yay mesafesi kadar, hatta daha yakın"*.

Varlıklar arası mesafenin ne kadar da önemli olduğunu anlatıyor Ayn Harfî. Bu mesafe Sin Harfinde yatayda, Ayn Harfinde ise dikeyde gerçekleşir. Öyle ki, Sin Harfinde üç yay uzunluğu mesafe varlıklar arasında görünen âlemde gerçekleşirken, Ayn Harfinde bu sayı ikiye hatta daha da aza inebiliyor. Ayn Harfî bize, görünmeyen âlemle iki yay mesafesi kadar hatta bazen daha bile yakın olabileceğimizin haberini veriyor.

Ayn harfinin şekli olan dikeyde yay mesafeleri bize üst bilinç ile alt bilinç arasındaki mesafeyi de haber verir. Kısaca kendimizde var olan üst bilincimiz ile alt bilincimiz arasındaki mesafe çok önemlidir. Çünkü üst bilincimiz birçok bilgiye sahip, sırlara vakıf ve kâinat ile sürekli irtibat halinde. İhtiyacı oranında ve olgunluk kademelerine uygun alt bilince damla damla bilgileri aktarır. Bir kararı üst bilincinde verirsin ve alt bilincinde bunu tevhid edersin. Üst bilinç ile alt bilincin arasında tıpkı Ayn harfinin şekli gibi bir mesafe her zaman muhafaza altındadır. İnsan olmanın en önemli özelliklerinden biridir bu mesafe. Bu kiminde açık aradır, kiminde biraz daha yakındır. Fakat her zaman mesafe olacaktır.

Göz gördüğü her şeyi kayıt eder ve beynin en gerekli yerlerine depolar. Göz tekrar aynı görüntü ile karşılaştığında, beynin kayıt arşivinden o görüntünün benzerini bulur, karşılaştırır ve görüntüyü tanır, objeyi tanımlar. Kısaca gördüğümüz her şey kayıt arşivimizdeki karşılaştırmalarla sabitlenir ve bu bakıştan emin olunur. Bu Sin Harfinin bize haber verdiği, üç yay mesafesi kadar olan, dar kapsamlı bir alandır. Kısaca varlıklar, görünen madde âlemlerinde birbirlerinden daha uzak mesafelerdedir. Mistikler boşuna "yalan dünya, uyku âlemi, rüya âlemi" dememişler dünya için. Bu fikir, dünyanın kendisi için değil, dünyayı görüşümüz ile ilgili bir varsayımdır. Yalan olmasının tek nedeni de, sürekli kayıtlar arşivinden beslenmemizin bir sonucudur. Bu da yalan olan bir dünyayı gözler önüne serer. Eşyanın hakikatini göremediğimiz için, sadece beynin arşivlerinden kullanırız.

Oysa, Ayn Harfi bize görünmeyen âlemle daha yakınlaştığımızı ve gönül gözüyle görünenlerin, bir arşiv kayıt olmadığını müjdeler. Necm Suresi'nin devamı ayetinde (11.ayet) şöyle der ki, *"Gönlü, gördüğünü yalanlamadı"*. Yalanlanmayan, red edilmeyen şey, bir hakikattir. Hele ki, gönül gibi devasa bir bilinç okyanusunun bunu teyit etmesi, onaylaması bu gördüğü şeyin Hakikat olduğunu Ayan, Beyan ortaya sunar. Hallac-ı Mansur *gönül gözünün yalanlamadığı ayetini* "Ayn, Bayn" olarak iki kelime ile ifade eder. Konu ile ilgili küçük bir alıntı ve kaynağını da belirterek zihinlerde bir çağrışım yapmasını umuyorum:

«Nerede» hedefini, «arasında» okuyla vurdu (AYN ve BAYN). / Kevser Yeşiltaş, Hallac-ı Mansur Ene'l Hakk Gizli Öğretisi, Yeni Edisyon, Dünya basım Bookcity.Co-UK ve Türkiye basım Güzeldünya Kitapları, İstanbul 2018, sf. 51.

Ayn Harfi, seçilmişlerin, nebilerin, Rablerine yaklaşanların, sadıklardan olanların yay simgesidir. İnsanın miracını temsil eden bir Harftir. Aynı zamanda da *gönül gözü* anlamına gelen bir kelimedir. Konu ile ilgili küçük bir alıntı ve kaynağını da belirterek zihinlerde bir çağrışım yapmasını umuyorum:

Etten kalplerimiz ile inandığımızı zannederiz ve arayışlarımız aklımız ile olur. Ulaşılan ise tamamen Zahiri yani maddesel bilgilerdir. **Gönül gözünü** *açanlar, genişletenler ve genişlemesini dileyenler ancak hakikat bilgisine yaklaşabilirler. İnanç, kalbin maddesi değildir, beynimiz de değildir. Akıl değildir, zihin değildir. Bunların hepsi zanlarımızı oluşturur.* **/ Kevser Yeşiltaş, İbn-i Arabi Arif için Din Yoktur, Yeni Edisyon, Dünya basım Bookcity.Co-UK ve Türkiye basım Güzeldünya Kitapları, İstanbul 2018, sf. 4**

İnsan kendi özüne, hakikatine ve rabbine ne kadar yaklaşırsa yaklaşsın her zaman aralarında iki yay uzunluğu veya iki yay uzunluğundan biraz daha az mesafe kalacaktır. Mesafe, görünen kâinatın ve görünmeyen âlemlerin olmaz ise olmazıdır.

Yaklaşma en büyük çabadır. Çaba liyakattir. Liyakate erişen ancak gelişir ve ulaşmanın, yaklaşmanın huzuruna kavuşur. İşte o vakit, gerçek gönlün ne anlama geldiğini idrak edebilir. Gönül kelimesine yüklenen anlamlar her ne kadar yozlaşmış olsa da, bilelim ki, gönül yüce bir okyanustur ve henüz onun varlığından haberdar değiliz. Ancak kendi *özümüz* ve *hakikatimizle* karşılaştığımızda bunun gerçekliğine erişebiliriz. Bu konuyu ileriki konu başlığı olan **Harflerin Öğretisi** bölümünde çok daha detaylı olarak aktardım.

Ayn Harfî, Sami dillerinde yuvarlak, delik, küçük bir daire olarak tasvir edilir. Göz anlamına geldiği düşünülür. Ayn Harfi İbranîce'de de *Ayin* olarak seslendirilir. Mısır hiyeroglif alfabesinde göz şeklinde çizilir ve dikkat etmek, gözetlemek, seyretmek, bakış anlamına geldiği düşünülür.

Bu başlığın üçüncü paragrafında belirttiğim üzere, Arapça Seslenişindeki *Nun* Harfi ve gizli seslenişindeki *Kaf* Harfi, Ayn Mukattaa Harfinin gizil gücü ve destekçisidir. Benzer gizil gücü Sin Mukattaa Harfinde de görmekteyiz. (Bâtına Açılan Sin Kapısı başlığında okuyabilirsiniz.) Sin Harfinin de seslenişinde

Nun Harfi, gizli seslenişinde *Kaf* Harfi destekleyici rolünü üstlenir. Ayn ve Sin Harflerinin gizil güçlerinin benzerliği dikkat çekicidir. *Nun* Harfi ile *benzersizliği*, *Kaf* Harfi ile *gücün* ortaya çıkışı, bu iki Harfin de ortak özelliğine yansır. Diğer ortak özelliklerinin yatayda ve dikeyde olan kavisi, yay uzunluğunu, mesafeyi, yaklaşmayı temsil ettiğini belirtmiştim.

Ayn Harfi göz, gözetmek ve bakış olarak anlam bulan bir kelimedir. Sin Harfi de korumak, kalkan olmak, savaşçı anlamına gelen bir kelimeyi ifade eder. Bu iki Harf hem görünen hem de görünmeyen dünyalarımızda bize görevimizi hatırlatır. Dünyada sevdiklerimizi ve kendimizi koruyan, kötülüklere karşı kalkan olan bir savaşçı olduğumuzu, iç dünyamızda da gören, gözeten, her bilgiden haberdar olan bir yapıda olduğumuzun mesajını verir. Ve bu mesaj, *benzersiz*liğimizin ve *gücü*müzün de en güzel temsilcisidir.

BÂTINÎ KAPILAR HURUF

Bâtına Açılan Ye (ي) Kapısı

Ye Harfi Arapça Harfler arasında şekil itibari ile benzemez Harfler arasında yer alır. Yani, Ye Harfi diğer Arapça Harflerle şekil olarak bir benzerlik taşımaz. Noktalı bir Harftir. Ye Harfinin ebced (sayısal) karşılığı 10 değeridir.

Ye Harfi, Mukattaa Harflerden biridir. Sure başlarında tek başına bulunmaz ve bulunduğu Sureye tek başına ismini vermez. Ancak YaSin suresine, Sin Mukattaa Harfi ile beraber ismini verir. Sure başlarında diğer Mukattaa Harfler ile beraber ilk sırada ve üçüncü sırada yer alır.

Sure No	Sure	Mukattaa Harf	Şekli	İlk kelime
36	Yasin	Ye Sin	س ي	vel kur'anil
19	Meryem	Kef He Ye Ayn Sad	ص ع ي ه ك	zikru

Ye Harfi sese geldiğinde, *Ye, Elif, Hemze* Harflerinden oluşur. Ye için 10, Elif için 1, Hemze için 1 toplam 12 sayı değerini verir. 12 sayısal değerini, 10 ve 2 sayı değerlerine ayrıştırdığımızda 10 için Ye, 2 için Ba Harfleri ortaya çıkar. Ye Harfinin gizli sesleneni *Ye* ve *Ba* Harfleridir. Ye ve Ba harfleri Arapça harfler arasında noktası şekillerinin altında olan iki harftir. Ye harfinin nokta adedi 2, Ba harfinin nokta adedi 1 olmak üzere şekillerinin hemen altında yer alır. Arapça harfler arasında noktası altta olan, bu iki harften başka harf yoktur.

Ye Harfinin Aramî ve İbranî dillerinde karşılığı Yod Harfıdir. Yod Harfi el anlamına gelir. Mısır hiyeroglif alfabesinde de bu Harfin karşılığı el ve kol sembolleridir. El, kol, el vermek, saygı ve teşekkür anlamlarına geldiği düşünülür.

Ebced yani sayısal değerlerinin neden kullanıldığına açıklık getireyim. Bu yöntemle kullanılan Harflerden gizli Harflere ulaşmak ve gizli şifreleri bulmak mümkündür. Ve bunun bir sonu olmayacaktır. Çünkü herhangi bir Mukattaa Harf içinde onlarca Harf saklıdır ve onların ebced değerleri toplamı sürekli karşımıza yeni Harfleri ortaya çıkaracaktır. Harfler kelimeleri, kelimeler cümleleri oluşturacak ve ortaya hiç bilemediğimiz kadar metin çıkabilecektir. Yüzlerce yıldır Mukattaa Harflerinin gizli birer şifre olduğunu, bir anlama gelmediğini ve Allah'tan başka bilenin olmadığı dikte ettirildi. Mukattaa Harflerinin her çağda bir karşılığı, bir anlamı olacaktır. Bu anlam ve karşılık, kişiden kişiye değişebilir, zamandan diğer zamana farklılık gösterebilir. Ama mutlaka ve mutlaka bir karşılığı olacaktır.

Yeri gelmişken, YaSin Suresine neden Kur'an-ı Kerim'in kalbi dendiği açıklama bulsun. YaSin Suresinin en başında söylenen Ye ve Sin Mukattaa Harflerini *oluşturan Harflerin* sayısal değer toplamlarını tekrar yazalım. Ye Mukattaa Harfini oluşturan *Ye, Elif, Hemze* Harflerinin sayısal değerleri toplamı 12 idi. Sin Mukattaa Harfi de *Sin, Ye, Nun* Harflerinden oluşur ve bu Harflerin sayısal değerleri toplamı 120 sayısal değerini vermişti. Ye ve Sin Harflerini oluşturan harflerin tümünün toplam ebced değerleri **132** sayısal değerini verir (120 ve 12 sayısının toplamı). 132 sayısını ayrıştırdığımızda, 100, 30 ve 2 sayıları çıkar. 100 için Kaf, 30 için Lam, 2 için Ba Harfi elde edilir. Kısaca *Kaf, Lam, Ba* Harfleridir bu. K, L, B Harfleri karşılık olarak Kalb kelimesine denk gelir. Kitabın en başında belirttiğim gibi K, L, B Harflerinin önüne, arkasına, arasına dilediğimiz kadar sesli Harf koyarak kelimeler türetebiliriz. Fakat YaSin suresi için en uygun kelime Kalb kelimesidir. Çünkü Kalb kelimesinin ebced karşılığı da **132**'dir. Bu yüzden YaSin Suresine, Kur'an'ın Kalbi denmesinin sebebi bunlardan biridir denebilir.

Tabloda da belirtildiği gibi, YaSin Suresinde, Ye ve Sin Mukattaa Harflerinden sonra söylenen **vel kur'anil** kelimesinde yine Vav ve Kaf harfleri karşımıza çıkmaktadır. YeSin Mukattaa harflerinden hemen sonra söylenen **vel** kelimesi Vav harfi ile, **kur'anil** kelimesi de Kaf harfi ile başlar. Ye ve Sin Mukattaa harflerinden sonra Vav ve Kaf harflerinin vurgulanışı, tıpkı Nun, Kaf ve Sad Mukattaa Harflerinden sonra söylenen kelimelerin başlangıç harfleri Vav ve Kaf, bizlere *6 yöne işaret eden güçlü bir etkiden* haberdar ediyor izlenimi verir.

Ye Mukattaa Harfine tekrar dönecek olursak, Ye Harfinin sayısal karşılığı 10, bâtıni sayısal karşılığı 12 olduğunu bulmuştuk. Bu iki sayısal değer, Ye Harfine büyük bir anlam yükler. 10 tamamlanmanın, 12 yeni başlangıçların sayısı olarak ifade bulur. Ye Harfi bir çağrıyı, bir uyanışı müjdeler. Kabuğundan çıkma zamanının geldiğini haber verir. Ye Harfi, önüne geldiği herhangi bir kelimenin, bir ismin ya da bir Harfin anlamına değer katar. O anlamı yüceltir.

Ye Mukattaa Harfi şekil itibari ile de varlığın yaşam içerisinde ne kadar *dolambaçlı* yollarda ilerlediğini de simgeler. Altındaki iki nokta da, bu ilerleyişinde ne kadar zorlukla karşılaşırsa karşılaşsın ısrarlı oluşunun ifadesini temsil eder. Vazgeçmeyişinin ve kararlı oluşunun mührüdür bu.

Ye Harfi, isim içinde ismi, insan içinde insanı, anlam içinde gizli anlamları, bir tohum içinde ormanı keşfetmemiz için bize rehberlik eder. Susuz bir çöl içinde susuz bir çölü, bir belirti içinde belirtileri müjdeler. Bunu bulmak, keşf etmek, ortaya çıkarmak da insana mahsustur. Bu maharet her insanın kalbinde gizlenmiştir.

Kûn fe yekûn *kelimesinin çarpıcı bir özelliği de Ye harfinde gizlidir* diye **Bâtına Açılan Kef Kapısı** bölümünde belirtmiş ve konuyu bu bölüme aktarmıştım. Buradan tekrar devam edelim.

Kûn kelimesinin çok güçlü bir ikna kabiliyeti olduğunu kitabın en baş sayfalarında belirtmiştim. Bu ikna kabiliyeti de, Kef ve Nun harflerinin benzersiz bir yaratıcı özelliğinden kaynaklanmaktadır. Bu iki Mukattaa Harfinin diğer Mukattaa Harflerinden ayıran benzer bir özellikleri vardı. Sure başlarında tek bir kere söylenmiş ve ikinci bir tekrarları olmamıştır.

Kef ve Nun harfleri ile güçlü ikna olan Fe, Ye ve Vav harfleri kendilerini gizlendikleri yerlerden gün ışığına çıkarırlar. Fe harfi Kef harfini oluşturan, Vav harfi de Nun harfini oluşturan harfler arasındaydı ve kendilerini açığa vurdular. Kef harfini oluşturan harflerden biri olan Elif harfi de her zamanki gibi gizlisinde kalmaya devam eder. Peki Ye harfi emri duyunca, bu harfler arasına nereden katıldı? Üç nedenle katılmış olma ihtimali vardır:

Kûn kelimesi, özünde bulunan iki harfin (Kef ve Nun harfleri) Vibrasyonel etkisi ile titreşir ve muazzam bir enerji açığa çıkar. Bu enerjinin verdiği yüksek titreşim bir geçit açar. Bir Harfin bile kendi özünde harfler ordusu barındırdığını belirtmiştim. Gizliden açığa çıkan titreşimler çeşitli şekillere bürünebilir. Bu durum da, tüm harflerin bir *sıçrama* kaydettiğine dair işaret olabilir. Vav da Nun harfinin gizlisinden gün ışığına çıkarak, onlara katılır ve yollarına devam ederler. Fe harfinin ilk Kûn ile ikinci Kûn harflerini birbirine bağlayan bir bağlaç olduğunu düşünürsek, bu işlemin *dolambaçlı* yollarla kaotik bir işleyişi temsilen Ye harfini meydana getirmiş olma ihtimali vardır.

İkinci ihtimal ise, gizlenen Elif harfinin kendini Ye harfi olarak açığa vurması. Gizlenen Elif harfinin gizli seslenişindeki Ye harfinin kendini gün ışığına çıkarması ihtimali vardır. Bu konu **Bâtına Açılan Elif Kapısı** bölümünde Elif harfinin gizli seslenişini meydana getiren harfler sıralamasında detaylı olarak belirtilmiştir.

Üçüncü ihtimal Kef ve Nun harflerinin ebced toplamı 70 ediyordu ki bu sayısal değer Arapça harfler arasında Ayn Mukattaa harfine denk gelir. Ayn harfini oluşturan Ayn, **Ye**, Nun harfleri arasında Ye harfi bulunmaktadır.

Ayrıca önemle belirtmeliyim ki Kûn kelimesinin ebced karşılığı 70 sayısına denk gelen **Ayn** harfinin, yaradılışa eşi benzeri olmayan bir katkısı vardır. Her zerrenin arasındaki *mesafeyi* belirler. Gökler ile yer arasındaki *koordinatları* ayarlar. Her varlığın *yay uzunluklarını* ölçülendirir. Ve çok daha önemli bir özelliği var ki, Ayn harfinin, açığa çıkan tüm harfleri **gözetleme** yetkisi bulunmaktadır. Ayn harfinin göz ve bakış anlamına geldiğini belirtmiştim. Harflerin **gözetiliş prensibini**, Kâinatın **bana bir** ilkesi ile bağdaştığı ve her oluşumun kayıt altına alındığını, Keskin Harfler bölüm başlığından tekrar okuyabilirsiniz.

Şimdi Yaradılışın kaynağı olan **Kûn** kelimesinin özellikle **Kef** ve **Nun** gibi çok muazzam harflerden oluştuğunu ve her iki harfin titreşim etkili sayısal değer toplamının **Ayn** gibi çok ama çok daha benzersiz bir harf ile nasıl meydana geldiğini anlayabiliriz.

BÂTINÎ KAPILAR HURUF

Bu tamamen bir işleyiş mekanizmasıdır. Nasıl olabileceğine dair küçük birer ipuçları içerir. Bu ipuçları bizlere yeni kapıları aralayabilir.

Bâtına Açılan Ha (ح) kapısı

Ha Harfi Arapça Harfler arasında şekil itibari ile benzer Harf grubundadır. Noktasız bir Harftir. Hı Harfi ve Cim Harfi ile benzer şekli vardır. Ha Harfi şeklinin üzerine bir nokta gelirse Hı Harfine, kıvrım yerine yani ortasına bir nokta gelirse Cim Harfine benzer.

Ha Harfî Mukattaa Harflerdendir. Sure başlarında tek başına bulunmaz ve bulunduğu Sureye tek başına ismini vermez. Sure başlarında diğer Mukattaa Harfler ile beraber ilk sırada yer alır. Ha Mukattaa Harfi, toplam 7 Sure başında Mim Harfi ile beraber **Ha Mim** olarak seslendirilmiştir. Fakat bu beraberlik **Elif Lam** beraberliği gibi değildir. Ha Harfi Mim Harfinden bağımsız, diğer Mukattaa Harflerle beraber başka bir Sure başında Mukattaa Harfi olarak seslendirilir. Ayrıca Mim Harfi de Ha Harfi olmadan birçok Surenin başında Mukattaa Harf olarak seslendirilmiştir.

Sure No	Sure	Mukattaa Harf	Şekli	İlk kelime
40	Mu'min	Ha Mim	ح م	tenzilul kitabi
41	Fussilet	Ha Mim	ح م	tenzilun
42	Şura	Ha Mim Ayn Sin Kaf	ق س ع م ح	kezalike
43	Zuhruf	Ha Mim	ح م	vel kitabil
44	Duhan	Ha Mim	ح م	vel kitabil
45	Casiye	Ha Mim	ح م	tenzilul
46	Ahkaf	Ha Mim	ح م	tenzilul

Ha Harfî, İbranî dilinde Het Harfi olarak seslendirilir. Mısır hiyeroglif alfabesinde Çit, duvar olarak sembolize edilir. Çit, duvar, iç-dış çeper anlamına geldiği düşünülür.

Ha Harfinin sayısal karşılığı 8'dir. Ha Harfini oluşturan Harfler *Ha, Elif, Hemze* Harfleridir. Ha için 8, Elif için 1, Hemze için 1 olarak kabul edilir ve toplam 10 sayısal değere ulaşılır. Ye Harfinin sayısal karşılığı 10'dur. Ha Harfinin gizli sesleniğinde ortaya çıkan Harf, *Ye* Harfi olacaktır.

Ha Harfinin ilk resmedilen duvar yazılarından günümüze kadar gelen ve yaygın şekilde anlam bulan ve Ha Harfinden türeyen kelimeler daima mekân, yer, ayırmak, çit ile çevirmek, duvar, kuşatmak anlamına gelir.

Ha Harfinin en belirgin özelliği Arapça'dan Türkçeye de geçmiş ve yaygın olarak kullanılan *ihata* ve *muhit* kelimesidir. Kuşatma, çevreleme anlamına gelir. *Muhit* kelimesi, *ihata* ile aynı kökten türemiştir. Kur'an-ı Kerim'de

(Fussilet Suresi, 54. Ayet) "Her şeyi *kuşatan*" için *muhit* kelimesi,

(İsra Suresi, 60. Ayet) "İnsanları çepeçevre *kuşatmıştır*" için *ihata* kelimesi kullanılmıştır.

Ha Mukattaa Harfinin sayısal karşılığı 8 olduğunu biliyoruz. Bu 8 adedi bize, *sekiz uçma* kelimesini hatırlatıyor. Sekiz cennet demektir. Ha Mukattaa Harfinin bâtınî sayısal karşılığı da 10 adedini vermişti ki, 10 bir *tamamlanma* sayısıdır. İşini bitirmek, idrake varmak, ihtiyaçları tamamlamak ve sonraki evreye geçişi temsil eder.

Sure başlarında Ha Mukattaa Harfinden sonra daima Mim Mukattaa Harfinin gelmesi de muhit ve mekâna konulan son nokta ya da bitirmenin mührünü vurma gibi, sanki *Son Durak* anlamını veriyor. Ha Harfinin muhit ve kuşatma olduğunu, Mim Harfinin de son fakat sonraki evreye geçişin anlamı olduğunu okumuştuk. Böylece, insan için dünya muhitinin bir *Son Durak* olabileceği ihtimalini düşündürebilir. Fakat bu Son Durak, büyük başlangıçlara da kapı aralıyor. Bunu Şura Suresinin başında yer alan *Ha Mim Ayn Sin Kaf* Mukattaa Harflerinin anlamında bulabiliriz. *Son Durak, yatayda ve dikeyde mesafelerini koruyarak, gözeterek zirvelere ulaş* manasına geliyor olabilme ihtimali de yüksektir.

Her ne kadar insan bulunduğu muhitlere (dünya ortamlarına) mührünü vurarak bir sonraki evreye geçiş yapsa, zirvelere doğru yol alsa dahi, daima çepeçevre kuşatma altında (ihata) olduğunu da bilmeli.

Mukattaa Harflerinden sonra söylenen **Vel** kelimesindeki **Vav** harfine Zuhruf ve Duhan Surelerinde Ha ve Mim Mukattaa Harflerinin söylenişinden sonra da rastlıyoruz. Tıpkı Nun, Kaf, Sad, Ye ve Sin Mukattaa Harflerinden sonra söylenilişi gibi Ha ve Mim Mukattaa Harflerinden sonra da karşımıza çıkmaktadır. Fakat bu sefer Kaf harfi yerine Kef harfi gelmiştir. Her iki Sure olan Zuhruf ve Duhan'da, Ha Mim Mukattaa Harflerinden sonra **vel kitabil** kelimesinde vel kelimesi **Vav** harfinden ve kitabil kelimesi de **Kef** harflerinden oluşur. Kef harfinin ne anlamda olduğunu belirtmiştim. En önemli baskın anlamı Kâfi ve Yeterli oluşu idi. 6 yöne yapılan etkinin kâfi derecede yeterli olduğunu vurgulayan bir anlam ile karşımıza çıkıyor diye düşünebiliriz. Dünya Muhitinin Son Durağında 6 yöne yapılan etkileşimlerinin kâfi derecede yeterli olabileceği anlaşılabilir.

Bâtına Açılan He (ه) Kapısı

He Harfî, Nun, Elif, Lam, Mim Harfleri gibi Arapça Harfler arasında şekilsel olarak benzemez Harfler arasındadır. Yani diğer Arap Harflerle şekilsel bir benzerlik taşımaz. Noktasız bir Harftir. Sayısal değeri (ebced karşılığı) 5 rakamıdır.

He Harfi bir Mukattaa Harftir fakat sure başlarında, Nun, Kaf ve Sad Mukattaa Harfleri gibi tek başına yer almaz. Bulunduğu Sureye ismini vermez. Diğer Mukattaa Harfleri ile bir Harf kombini oluşturarak, bulunduğu Sure başlarında, ikinci ve sonuncu sırada yer alır:

Sure No	Sure	Mukattaa Harf	Şekli	İlk kelime
19	Meryem	Kef He Ye Ayn Sad	ص ع ي ه ك	zikru
20	Taha	Ta He	ه ط	Ma enzelna

He Harfi, İbranî dilinde **Hey** Harfi olarak seslendirilir. Mısır hiyeroglif alfabesinde kollarını yukarı kaldırmış bir adam olarak resmedilir. İşaret etmek, açığa vurmak, meydana çıkarmak anlamlarına geldiği düşünülür.

He Harfi *He, Elif, Hemze* Harflerinden oluşur. He Harfinin sayısal değeri 5'tir. Kendini oluşturan Harflerin sayısal değerleri toplamı He için 5, Elif için 1, Hemze için 1'dir. Elde edilen toplam 7 sayısal değeri He Harfinin gizlisinden seslenen Ze Harfini işaret eder. Ze Harfi Mukattaa bir Harf değildir, fakat He Mukattaa Harfinin gizlisinden seslenir.

He Harfi, Arapça yazılış şekli itibari ile güçlü bir sembolün de ifadesi. He Harfinin şekli, ucu açık mı kapalı mı belli belirsiz olan bir daire. Daire Sıfır rakamının şekline benziyor. Kadim zamanlarda Tanrı sembolü daire şeklinde tasvir edilirdi. Güneşin ve ayın en büyük güç olduğunun kabul edildiği ve bu güce tapıldığı zamanlarda, güneş ve ayın daire şeklini İlah olarak resmederlerdi. Aslında bu sembol anlamlar, He Harfi için çok da uzak değil. Zira He ile türeyen arapça kelimelerin çoğunluğu, himmet etmek, yükselmek, yücelmek, hüviyet kazanmak gibi anlamlara ev sahipliği yapmaktadır.

He Harfinin sayısal değeri 5 olduğunu belirtmiştim. Nedendir ki 5 adedin de Arapça yazılış sembolü (٥) bir yuvarlağı, bir daireyi temsil eder. Tıpkı He Harfinin Arapça yazılışı gibi.

He Harfi iç çekişin, insanın nefesi içine çekmesi ya da nefesini dışarı vermesi gibi anlamlarda ifade bulur. Nefes tüm canlılar için çok önemlidir. Hele ki, sessiz Harflerin kelimelere dönüşmesi için sesli Harflere ihtiyaç duyması gibi nefes de canlılar için büyük hayati önem taşır. Sessiz Harfler nefes ile seslendirilir. Sesli Harflerin harcı He Harfindeki nefesin alınması ya da dışarı verilmesi gibidir.

He Harfi *sonsuzlukta bir nefes alıştır yaşam* felsefesini çağrıştırıyor sanki. İlk nefes ile son nefes arasında kalan zaman süresince yaşamı deneyimliyor insan. Ve yaşam turunu tamamlamak için diri olan yaşama devam ediyor. İnsanın mistik yolculuğunda bitmeyen bir yaşam söz konusudur. Bu bir döngüdür, üstelik ucu açık olan bir halka misali. Ucu açık olmasının nedeni de, her bir turunda bir sıçrayış hakkının olduğunu belirtiyor varoluşa. **Hey** İnsanoğlu! *Sıçrayışını gerçekleştir artık*, diye haber veriyor bize.

Nefes bir emanettir insana. Doğumla verilen nefes emanet edilir ve ölüm ile o nefes geri alınır. Nefes aslen sahibine aittir. Can verir, yaşatır, deneyim kazandırır. Lakin can tesliminde her şey aslına döner. Toprak toprağa, yani atom atoma karışır, nefes aslî parçaya geri döner. Tüm dönüşler aslınadır. Bu dairesel döngünün daima ucu açıktır. Ve her zaman bir üst merhaleye sıçrayış ve yükseliş için bir şans daima vardır. Şans, hazırlıklı ruhları mutlaka bulur. O ruhlar ki, sessizliğin sesi gibidirler. Derin okyanusun serin sularından yankılanır sedaları. Bilmeyen ve bilinmeyen rolünü üstlenirler. Varsın diğerleri, kendilerinden ve kendi çabaları sonuç verdi sansınlar, sevinsinler. O ruhlar ki gizlide kalırlar ve beri dururlar. Oturdukları yerden dünyayı seyrederler, onları kimse bilmez kendilerinden başka. İşte o ruhlar ki, yaşamın kaynağını onlar teşkil ederler.

BÂTINÎ KAPILAR HURUF

Bâtına Açılan Ta (ط) Kapısı

Ta Harfinin, diğer Arap Harfleri ile şekilsel olarak benzerliği vardır. Kısaca benzeri olan bir Harftir. Tek bir nokta ile Zı Harfinden ayrılır. Ta Harfi, noktasız bir Harftir.

Ta Harfi bir Mukattaa Harftir. Ta Mukattaa Harfi, Sure başlarında tek başına yer almaz, tek başına bir sureye ismini vermez. Diğer Mukataa Harfleri ile beraber sure başlarında bulunur. Ta Mukattaa Harfi, sadece Taha Suresine, He Harfi ile beraber ismini verir. Ta Mukattaa Harfi sure başlarında daima ilk sırada yer alır.

Sure No	Sure	Mukattaa Harf	Şekli	İlk kelime
20	Taha	Ta He	ط ه	Ma enzelna
26	Şuara	Ta Sin Mim	م س ط	tilke ayatul
27	Neml	Ta Sin	س ط	tilke ayatul
28	Kasas	Ta Sin Mim	م س ط	tilke ayatul

Ta Harfi, İbranî dilinde Tet Harfi olarak seslendirilir. Mısır hiyeroglif alfabesinde yuvarlak içinde çarpı işareti olarak resmedilir. Sepet, ambar, saklamak anlamlarına geldiği düşünülür. Ta Harfi *Ta, Elif, Hemze* Harflerinden oluşur. Ta Harfinin sayısal değeri 9'dur. Kendini oluşturan Harflerin sayısal değerleri toplamı Ta için 9, Elif için 1, Hemze için 1'dir. Elde edilen toplam 11 sayısal değeri Ta Harfinin bâtıni sayısal değerini işaret eder. 11 sayısal değerinin Arapça Harflerde ebced karşılığı yoktur. 10 ve 1 olarak ayrılır. 10 için Ye, 1 için Elif Harflerine ulaşılır. Ta Harfinin gizlisinden seslenen Harfler *Ye* ve *Elif* Harfleri olacaktır.

Ta Harfi, aynı zamanda bir uzaklık algısı yaratır. Fakat bu arızi yani geçici bir zandır. İnsan bu zandan kurtulana kadar dünya denilen muhitte çokça vakit geçirir. Ve deneyim zenginliği içerisindedir. **Ta** algısının verdiği bu zandan kurtuluş öyle kolay olmaz. Bunun için birinci şart imanlı olmaktır. Önce imanın ne olduğunu da bilmesi gereklidir. *İman etmiş kişi, ne inanmaya, ne inandırmaya, ne de ikna etmeye ihtiyaç duyar. O zaten başlı başına, konunun ana teması olmuştur. Varlığı dahi şüphe götürmez bir kaynaktır. İkna etmek ya da inandırmak gibi eylemler ondan uzaktır.*

Ta uzaklık algısından kurtulan için He Harfinin bahşettiği sıçrayışı gerçekleştirme ümidi doğar. **Ta He** Mukattaa Harflerinin benzersiz birlikteliği Taha Suresinin başında tüm görkemi ile yer alır.

Ta Mukattaa Harfi, iman etmiş, gerçekten Yüce Erdeme yaşarken ulaşmış insanın simgesidir. Sin Mukattaa Harfi **Bâtına Açılan Sin Kapısı** bölümünde detaylı olarak aktarıldı. Sin Mukattaa Harfi her varlığın yay uzunluğudur. Kısaca, her varlığın yörüngesi onun Sin'idir. Kendisi Ta'dır. Tüm varlıklar, TaSin cevherine sahiptir. Özlerinde, günün birinde TaSin olabilecekleri bilgi saklıdır. Ta Harfi, Sin Harfi ile kavuştuğunda, tüm bilgileri cevherlerine akıtırlar. Ortaklaşa bir düzendir. Sarsılmaz bir terazidir. Evrenin şaşmaz iki kaidesi olan Kontrol ve Dengenin uygulayıcısıdır. TaSin insanın genel simgesidir. Ta madde ile Sin ise Cevheri ile ilişkilidir. Ta tecrübeyi, Sin ilhamı simgeler. Bu ikili Mukattaa Harflerinin bir aradalığını Neml Suresinin başında **TaSin** Mukattaa Harfleri olarak görürüz.

TaSin Mukattaa'sından sonra gelen Mim Mukattaa Harfi tüm yaşananları, deneyimleri, ilhamları mühürler. Bu bir kayıt işlemidir. *Kâinatta ve ruhsal âlemde hiçbir şey kaybolmaz* prensibi, daima geçerliliğini korur. TaSin Mukattaa Harfinin kâinattaki mücadelesini Mim kayıt altına alarak mühürler ve bir sonraki oluşum için başlangıç kapısını aralar. Bu görkemli oluşumu *Kasas* ve *Şuara Sure* başlarında **Ta Sin Mim** Mukattaa Harflerinin birlikteliği olarak görürüz.

BÂTINÎ KAPILAR HURUF

Bâtına Açılan Ra (ر) Kapısı

Ra Harfi, Arapçada şekil olarak benzer Harfler grubundadır. Noktasız bir Harftir. Şekli itibari ile fazladan bir nokta, Arapça Ra Harfini, Arapça Ze Harfinden ayırır. Ze Harfinin dışında, Zal ve Dal Harfleri ile şekil itibarıyla az da olsa benzerliği vardır.

Ra Harfi, Mukattaa Harflerdendir. Ra Mukattaa Harfi, Kur'an-ı Kerim'in iniş sırasına göre, Mukattaa Harfleri içinde en sonuncu sırada yer alır. Mukattaa Harflerine **Nun** Harfi açılış yapılır, **Ra** Harfi ile nokta konur. Ra Harfinin de, Nun Harfinde olduğu gibi kendi şahsına uygun özellikleri vardır.

Ra Mukattaa Harfi, genel itibariyle Sure başlarında *Elif Lam* Mukattaa ikilisi ile yer alır ve hiçbir sureye ismini vermez. Sadece, Ra'd suresinde Mim Mukattaa Harfi, *Elif, Lam, Ra* üçlüsünde Ra Harfinin önünde yer alır. Ra Mukattaa Harfi, bulunduğu surelerde *Elif, Lam, Mim* Mukattaa Harfleri ile birlikte Sure başlarında daima sonuncu sırada yerini alır.

Sure No	Sure	Mukattaa Harf	Şekli	İlk kelime
10	Yunus	Elif Lam Ra	ر ل ا	tilke ayatul
11	Hud	Elif Lam Ra	ر ل ا	kitabun
12	Yusuf	Elif Lam Ra	ر ل ا	tilke ayatul
15	Hicr	Elif Lam Ra	ر ل ا	tilke ayatul
14	İbrahim	Elif Lam Ra	ر ل ا	kitabun
13	Ra'd	Elif Lam Mim Ra	ر م ل ا	tilke ayatul

Ra Harfi, İbranî dilinde Reş Harfî olarak seslendirilir. Mısır hiyeroglif alfabesinde bir erkek başı olarak resmedilir. Baş, kafa, lider, ilk, idare, kural anlamlarına geldiği düşünülür. Antik Mısırda Suların ilahı **Nun** Tanrısı gibi, **Ra** Mısır mitolojisinde Güneş Tanrısının ismidir. Ra Tanrısı başında güneşin şekline benzer daire ile resmedilir.

Mukattaa Harflerin açılışını yapan Nun Harfi ve kapanışını yapan Ra Harfinin, Antik Mısırda iki büyük Tanrıyla olan isim benzerliği hayli şaşırtıcıdır. Arap alfabesinin birçok kadim alfabelerden kopya edilmesi ve Harf benzerliklerin Antik Mısıra kadar uzanışının da özelliğini taşır.

Ra Harfi *Ra, Elif, Hemze* Harflerinden oluşur. Ra Harfinin sayısal değeri olan ebced karşılığı 200'dür. Yazılışını meydana getiren Harflerin toplam sayısal değeri Ra için 200, Elif için 1, Hemze için 1 olarak, toplam 202'dir. 202'nin Arapça Harflerinde bir ebced karşılığı yoktur. Bu yüzden bu rakamlar 200 ve 2 olarak ayrıldığında, Ra için 200 ve Ba için 2 sayısal değerleri bulunur. Ra Harfinin gizli seslenişinde *Ra* ve *Ba* Harfleri olacaktır.

Ba Harfi, belirlenen Mukattaa Harfler sıralamasında yer almaz fakat Ra Harfinin gizli seslenişi ile onlara katılır. Ra Harfinin Mukattaa Harfler sıralamasında Kur'an'ın iniş sırasına göre sonuncu sırada yer alması ve gizli seslenen olan **Ba** Harfini vücuda getirmesi, bir özelliği haber verir: **Ba** Harfinin Arapça yazılış şeklinde yer alan **noktayı** işaret eder.

Mukattaa Harflere Nun Harfi ile başlangıç yapılırken, Nun Harfinin **noktası** (نْ) **en tepede** yer alıyordu. Mukattaa Harfleri Ra Harfi ile sonlanırken de Ba Harfi ile **altta** (بْ) gizliden **nokta**lanmış olacaktır. Üstelik iniş sırasına göre, Kur'anda Mukattaa Harflerinin yer aldığı sureler sıralamasında sonuncu sure olan Ra'd Sure başında bulunan *Elif Lam Mim Ra* Mukattaa sıralamasında, Ra Harfinin önüne gelen Mim Harfi, bu noktalamayı **mühürlemiş** olur.

Ra Harfinin gizlisinden seslenen Ra ve Ba Harflerinin bir araya gelişi benzersiz bir kelimeyi de işaret eder: Rab kelimesini. Bilinmelidir ki, Kur'an ayetlerinde Rab kelimesi, Allah isminden daha fazla zikr edilmiş ve sayısı 900 adedi geçer. Ayrıca Rab kelimesi Tevrat, Zebur ve İncil'de de çok fazla sayıda zikr edilmiştir.

Rab kelimesini bu kadar benzersiz kılan şey nedir diye sormalıyız. Üstelik Allah esmaları arasında yer almamasına rağmen, kutsal ayetlerde neden bu kadar zikr edilmiştir?

Ra Harfi Besmelede, Lillah **R Ra**hman **R Ra**him arasında yer alır:

Bismillahir**r**ahmani**r**rahim

Ra Harfi baskın bir Harftir ve Lillah Rahman Rahim arasında bir köprü inşaa eder. Bu inşaa, İlahî Mekanizmada bir hiyerarşiden haber verir. Bu hiyerarşi bize Tin Suresi 5. Ayetinde olan *"aşağıların aşağısına indirdik"* ayetini hatırlatıyor. En dibe terk edilen varlıklarla, en zirvede bulunan Yücelik arasında irtibat, mutlak surette kademeler halinde olmalıdır ve bu kademeler arasını da **Ra** Harfinin *ilmî anlamı* sağlayacaktır. Üstelik bu katmanların işaretini Talak Suresi 12. Ayetinde görmekteyiz. *"Yedi kat gökler ve yerden de misli kadarı arasında Emir, daima* *iner"* Ra Harfi bu kademeler arasındaki geçişte bir transformatör görevi görür. Çok basit bir örnek vermek gerekirse kimse evindeki televizyonun çalışması için gerekli elektriği barajdan direkt almıyor.

Ra Harfinin gizlisinden seslenen Harflerden biri olan **Ba** Harfinin yazılış şeklinde bulunan yay, kâinatın kendisi, altındaki nokta ise gizemidir. Görünmeyenden haber veren, kâinatı besleyen, varlıklara destek sağlayan noktadır. Nokta olmadan Ba olmaz. Noktasız bir kâinat düşünülemez. Bu bağlamda Nokta, kâinatın harcı olan atomun gücünü, aynı zamanda da varlıkların Uluhiyetini simgeler. Kâinat kuru bir toprak değil, altındaki noktanın kudreti ile canlılık kazanan, can bulandır.

Ra Harfinin gizlisinden seslenen *Ra* ve *Ba* Harfleri, **Rab** kelimesinin de Harfleridir. Rab kelimesi bir çağrının ifadesi gibi en çok telaffuz edilen bir isimdir.

Rab kavramı, terbiye eden, yöneten ve geliştiren anlamını taşır. Rab, İlahi organizasyona ve İlahi yönetici mekanizmaya verilen isimdir. Kur'an-ı Kerim, Fatiha Suresi "Âlemlerin Rabbi" ile başlar ve Nas Suresi " İnsanların Rabbine" ile biter. Ve ilk vahiy "Seni Yaratan Rabbinin adı ile Oku" seslenişidir.

Kur'an-ı Kerim ayetlerinde

"İki doğunun Rabbi",

"İki batının Rabbi",

"Sabahın Rabbi",

"Benim Rabbim",

"Sizin Rabbiniz",

"Âlemlerin Rabbi" kavramları yer alır.

Lineer bir bakış açısıyla, ortaya çoğul anlamda Rab'ler kavramı çıkar. *Rab'ler* kavramı eksik bir yorum olur. Çünkü her varlığın, her oluşumun, her muhitin bağlı olduğu bir Rabbi var gibi görünse de, *çoğul* olduğu anlamına gelmez. Rab bir sistemin, bir organizasyonun, işleyiş mekanizmasının genel ismidir. Ve her bir çoğul da, Yüce Teklik ile tevhid olur. İnsanlık henüz çoğulun teklik ile tevhid olması anlamına erişemediği için, bu anlamı kavrayamadığı için red etme ya da ortadan kaldırma aşamasında.

BÂTINÎ KAPILAR HURUF

Ara Söz

İnsan henüz "biz" anlayışına yükselemediği için kendisine gönderilen bilgiler de hep "ben" kavramı içinde yer almış. Hissediş ve ilhamların bu kadar *benci* olması, insanların henüz *biz* kavramını idrak edemeyişinden kaynaklı. Kutsal kitapta yer alan birkaç "biz" kelimesi bile, insanların ikiliğe düşmesine, zihinlerinde karmaşa yaratmasına sebep olmuş, işin içinden çıkılamaz boyutlara varmış. Nedeni ise insan nefsinin maddeye aşık olması. İlginçtir ki, maddenin de bu aşka fazlasıyla karşılık vermesi. Madde bu aşktan vazgeçmedikçe, insan da bu aşka tutunmaya devam edecek.

Her şey burada başlıyor: Bu aşk, insanları *benci* yapmaktan, kendilerine gelen akış da *benci* olmaktan uzak olamıyor. Dünya maddesinin bencilliği öyle yoğun ki, zerresini sahiplenmeye izinli değiliz. Oyalan, oynaş, kullan, hoş vakit geçir, lakin zerresini sahiplenmene izin yok. Maddenin kapsayıcı alanı böyledir. Madde dünyasından bir atom dahi götüremezsin. İnsanın maddeye aşkı böyle kör edici bir özelliğe sahip. Bunu yapan da maddenin yoğun kapsayıcı gizil gücü.

Yüceliğin varlıklara **ben** tezahüründe olması, tamamen insanlığın bilinç seviyesi ile doğru orantılı. **Biz** kavramına tahammülü olmayana **ben** dersin, **biz** diyemezsin. Ne vakit insanlık **biz** demeye başlar, o vakit ilhamları da **biz** boyutuna yükselir. O vakit yeni açılımlar da peşi sıra **bizlik** kavramı içerisinde yerini alır. Bu bir kapıdır ve o kapıyı aralamak için bekleyiş ve sabır yeterli değildir. Hazır olmak da yetmiyor. Dünya maddesinin de gelişmesi gerekir ki, insan bedeni bu **ben tutsaklığından** beraat edebilsin.

İlhamların **biz** boyutuna yükselmesi ve **bizlik** titreşim kapısının açılması nasıl olabilir?

İlhamların ve sezgilerin niteliği **kavramlar** üzerinedir. Genelde anlaşılmaz oluşu bu yüzdendir. Kısaca ilham ve sezgi yoluyla gelen kavramlar, yoruma muhtaçtır. Kendisine gelen ilham ve sezgisel kavramları yorumlayamayan ve anlayamayan kişi, **ben boyutunda** olan kişidir. **Biz boyutunda** olsa idi, ilham ve sezgilerin kavramlarını daha net anlayabilirdi.

Büyük çoğunlukla insanlar, ilham ve sezgi kavramlarını çözümleyemedikleri için, yardım almak isterler. Bunun sonucunda da sorur soruşturur ve karmaşık olaylar zincirinin arasında kaybolurlar. Kısaca ilham ve sezgi kavramlarını ortalığa saçarak kavramların enerjilerini tüketmiş olurlar. Her ne kadar araştırıp soruştursalar da, hiçbir zaman net cevabı bulamazlar.

Bizlik boyutunda alınan ilhamların ve sezgilerin çözümlemesi kişinin kendisi tarafından rahat bir biçimde yapılır. Desteğe ihtiyaç duyulmaz. Fakat ancak ve ancak *teyit* almaya ihtiyaç duyabilir. Bunu da tercih meselesi yaparak paylaşmak ya da kendinde saklamak olarak da kullanabilir. Kendi titreşimini **bizlik** boyutuna yükseltmiş birinin ilham ve sezgilerinin gerçekte güçlü bir etkisi vardır ve kişide *acaba, şüphe, kuşku* uyandırmaz. Nettir, gerçektir. Başka bir şey değildir. İlhamla beraber gelen kavramsal kelimelerde bir etki vardır. Cümlelerle bütünlenir ve billur bir pınar olup gönüllere doğru akar.

Titreşimi **bizlik** boyutuna ulaşmış kişi veya kişilerin ilham ve sezgilerinde bulunan kavramlar, kendini çok net ifade ederler ve hemen açılmaya başlarlar. Böylece ilhamı alan kişinin herhangi bir destek alma ihtiyacı ortadan kalkar. Kişi aldığı kavramları anlamayı, idrak etmeyi, parçaları birleştirmeyi ve sonuca kendi ruhuyla, cevheriyle, zihniyle, aklıyla ve vicdanıyla ulaşmayı başarabilir.

Nedenine gelince: İlham ve sezgilerdeki kavramsal ilkeler, onları hisseden kişilerin açıklamalarına ihtiyaç duyar, *başkalarının* yorumlarına değil. İlham ve sezgilerindeki kavramları açıklığa kavuşturamayan ve sürekli başkalarından yorum isteyen kişilerin ilham ve sezgileri de zamanla azalmaya ve hissedilmemeye başlayabilir. Çünkü açıklama kişinin kendinden olmadıkça ilham ve sezgilerin de beslenme kaynağı tükenecektir. Bu konu kapsamına, rüyalarda görülen kavramları da ekleyebiliriz.

İlham ve sezgilerindeki açıklamaları kendi yapabilen kişinin yapması gereken bir başka önemli konu daha vardır ki, bu kavramları yaşamına geçirebilmek. Bu kavramsal sözler, açıklanmaya ihtiyaç duyduğu kadar, davranışlara da nüfuz etmek ister. Açıklamasını kendi kendine yapamayan, davranışlarında uygulayamayanların ilham ve sezgilerinde kaybolmalar da kaçınılmaz olacaktır. Unutmayalım ki, *bilgi kavramları*, ilham ve sezgilerde bize açıklanmaya muhtaç olarak gelir ve davranışlara indirgenmelidir. Davranışlarımıza yansımayan bir bilgi anlam kazanmaz. Anlam kazanmadığı sürece sözlerin de bir amacı kalmaz ve kendisini yücelecek başka noktalara doğru yön değiştirir.

Biz bilincine devam edecek olursak: Aslında, tüm bunların temelinde yatan hakikat bilgisi, bizim doğadan kopmadığımız ve kopamayacağımız bilgisi. Yer altı suları, akarsular, okyanuslar, göller, denizler dünyanın can damarları. Madde uyutuyorsa, diri tutan sudur. Madde cezbediyor ve hapsediyor olsa da, su diriltir ve uyandırır. Su, başlı başına bir cevher ve toprağın cazibesinden azad olmuş, bağımsız hareket enerjisine sahip. O kadar ki, kutsal ayet, suyun arşın bile üzerinde olduğunu vurgulayan bir kavramı bizlere aktarmış. Yani su, insan varlığından bile daha yüksek bir **biz** bilincine sahip.

Su, insanda ve toprakta kirlense dahi, göğe çıkıp kendini arındırabiliyor. Su madde ortamında zerrelere dağılsa bile, kendi özündeki kuvve ve gizil gücü sayesinde bir anda kendini cem edip toparlayabiliyor. Hem de tek damla su bile heba olmadan. Madde ve İnsan bunu yapamıyor. Su, maddeden ve insandan üstün bir akla sahip büyük bir organizasyon. Ayrıca, insanın ve maddenin her zerresine kadar nüfuz edebilme özelliğine sahip. Kısaca, maddenin ve İnsanlığın, diri ve dirilten sulardan öğrenecek çok şeyi var: Maddenin uyutucu etkisine karşılık, suyun diriltici gücünü kullanmak. Maddenin hapsedici etkisine karşılık, suyun özgürleştiren gücünü ortaya çıkarmak.

*Bir harf, ruhunda uyanmadıkça, söz kitaplarda beklemeye mahkûmdur. / **Kevser Yeşiltaş***

Söz Erdemi

Harf *ilminin en önemli özelliği harflerin bir araya gelerek söz-cükleri meydana getirişidir* diye belirtmiştim. Sözcüklerin ne denli güçlü olduğunu kadim bilgeler şöyle belirtir *"Söz ola kese savaşı, söz ola kestire başı."* Aslında, irade ve gücün insanın da özünde bulunduğunu önemle belirten bir cümledir.

Hareket, bir **şeyin** şekillenip vücud bulduğu anda başlar. O **şey** yokken hareket yoktu. O **şey** yokluğundan varlığına hücum ettiği anda, hareketi de başlattı. İşte o **hareket** öyle muazzam bir harekettir. Yaratımın özü, Varlığın canı, Kâinatın devamı ve **şeylerin** ruhudur.

Varlık kavramının kendi özünde tam ve eksiksiz görev yapabilmesi için **şeylere** ihtiyacı vardır. O **şeyler** olmadan hareket olmaz, hareket yoksa **şeyler**, Varlık kavramında can bulmaz. Her vücuda gelen **şey** o anda, hareketi başlatır.

Yokluk, Yok kavramında ele alınır. Yok ve Yokluk şekilsiz ve şekil almamış bir muazzam güçtür. Bu gücün kendini ifade etmesi, kendini tanıması, kendi gücünün farkında olması için Varlık kavramına geçiş yapması yani değişime uğraması mecburiyeti vardır. Yok ve Yokluk kavramı, bu değişimi kendi cevherinde saklı tutar ve bir zaman gelir ve şekil alarak Varlık kavramına geçiş yapar. Bu bir kapıdır. Her şekilsiz Yokluk, bir gün Varlık olarak şekil alacaktır.

Şey ve **Şeyler** kavramına her zerre girer. İnsan, hayvan, nebat, taş, toprak, gezegen, atom, atom altı parçacıklar ve sayamadığımız kadar bilinen bilinmeyen her makro ve mikro cisim.

Kur'an-ı Kerim, yaradılışın **Kûn** ile yani **Ol** sözü ile yokluktaki Orijin Harflerin yani şekilsiz muazzam gücün, varlığa yani şekil alarak Kesik Harflere hücum ettiğini vurgular. Şekil alan harflerin yaratımı da nasıl şekillendirdiğini Yedi Surede, Sekiz farklı ayetinde önemle belirtir. Her bir **Ol** sözüne yüksek anlamlar katılarak bir işin, bir oluşumun gerçekleşmesine ve hayat bulmasına vesile olunur.

Özel bir şekle büründürerek o **şeye** Ol der ve o can bulur.

Şekil almış **şeyler** bütününe irade eder ve Ol der ve o **şeyler** can bulur.

Hakk ve Zaman kavramını da o **şeyler** bütününün hamuruna katarak şekillendirir ve o **şeylere** Ol der ve o **şeyler** can bulur.

Şekil alan ve can bulan **şeyler** de Sözün naklini devam ettirir ve Ol der ve o **şeyler** harekete başlar.

SÖZ ERDEMİ

Şekil alan ve can bulan **şeylerin** hareketliliği, üretime katkısı ve geleceğin tayini için, kısaca bir işin oluşma kararı takdir edildiği anda Ol der ve hareket başlar.

Bir işin devamı ve sonlandırılması için hüküm ve karar verildiği zaman Ol der ve o **şeylerin** hareketi devam eder ya da sonlanır.

Karar verdiği anda, Ol der ve **şeyler** benzersiz tasarımlar ve şekiller halinde can bulur.

Bir işin oluşması ve büyük bir değişimin gerçekleşmesine vesile olacak **şeylerin** şekil alması için bir dileği ve isteği takdir ettiği anda, Ol der ve hemen olur.

Kur'an'ın 8 ayeti Kûn ile varlığa hücum eden tüm **şeylerin** hangi şartlarda hareketi başlattığını işte böyle dile getirmiştir.

Şekil alarak, şekil alan şeylere irade edilerek, hak ve zaman kavramları ile örtünerek, söz **şeylerden şeylere** nakledilerek, karar ve takdir edilerek, benzersiz şekiller alarak, istek ve dilek ile takdir edilerek. Yaratımın çeşitliliği, benzersizliği, kusursuzluğu altında yatan ana amaçlar böyle belirlenmiştir. Her bir hareketin özünde takdir, hak, zaman, dilek, irade, istek vardır. Ve bu dinamiğin ve devamlılığın **şeyler** ile olduğunu unutmayalım.

Şey ve **Şeyler** yoksa hareket yoktur. Hareket yoksa Varlıktan bahsedilemez. Kaderden, gelecekten, geçmişten, varoluştan, dünyadan, canlılıktan, ruhtan, kutsallıktan bahsedilemez.

Tüm **şeylerin** birbiri ile koordineli ilintileri, birbiri ile alışverişleri, birbiri ile irtibatları, birbiri ile haberleşmeleri, konuşmaları, ilişkileri, bağlantıları **İlahî Hareket**'tir. İlahî Hareketin ilk geçişi ve başlangıcı Harfler ile olur. Harflerin gücü ve Harflerin bir araya gelişleriyle oluşan **Sözün** büyük **Erdemi** ile.

Bir insan, cenin halinde ana rahminde varlık gösterdiği anda, hareket başlar. **Ta** ki son nefesini verene kadar da o hareket devam edecek. Bu hareket içinde neler saklı? O insanın tüm yaşantısı, kimlerle tanışacağı, ne işlerle uğraşacağı, karakteri, ailesi, seçimleri, seçemedikleri, kararları kısaca her türlü etkileşimi bir hareket olacaktır. İşte bu hareket Ol yani Kûn kapsamındadır.

Bir bitki tohum halinde toprağın derinlerinde varlık gösterdiği anda, hareket başlar. **Ta** ki çürüyüp tekrar toprağa karışana kadar hareket devam edecek. Bu hareket içinde neler saklı? O bitkinin toprağın karanlıklarından, gün ışığına çıkışı, yağmurla tanışması, verimli meyveler ve sebzeler vermesi, insanlarla teması bile. Kısaca her türlü etkileşimi bir hareket olacaktır. İşte bu hareket Ol yani Kûn kapsamındadır.

Bu örnekler, hayvanlar âlemi için de geçerlidir. Gezegenler, yıldız sistemleri mikro ve makro âleme kadar her türlü varlıklar için de geçerlidir.

Hareket, varlıkların kendi potansiyelleri kapsamındadır. Kısaca varlık ya da varlıkların gizil güçlerindeki kuvvelerindedir. Her şekilsiz güç, şekil alarak varlık âleminde görünür olduğunda hareketi başlatır. Bu hareket artık o varlığın yaşam plânı, kaderi, oluşumu olmuştur.

İnsan ancak iç ve dış hareketlerinde Ayn harfinde olduğu gibi **gözlemci** olmalıdır. Hiçbir bedenli bundan muaf değildir. Eğer iç düşünceler dış hareketlerle uyumlu değilse, döngü kısırlaşır ve günü geldiğinde kişinin tüm **kûn**lerinden **yekûn** alınır. Yani tüm oluşumlarından ve yaradılışa katkılarından top**yekûn** yargılamaya tabi tutulur. Denge ve Kontrol sağlanana kadar bu devam edecektir. Kısaca iç düşünceler ile dış hareketlerin birbirine uyumunda denge ve kontrol sağlanana kadar.

Neden bitkiden, hayvandan, doğadan, gezegenlerden, tüm zerrelerden değil de insandan? diye sorulabilir. İnsana bahşedilmiş olan düşünce sistemi ve akıl, tüm bu yargılama ve sorgulama için en önemli etkendir. İnsanı yargılayan da sorgulayacak olan da yine kendi öz hakikatidir.

Hareketleri koordine eden **harfler**dir. Tüm âlemin bilinçli ya da bilinçsizce harfleri kullandığını biliyoruz. Harflerin yaratıcılığını da öğrendik. Bu harekete şuurlu ya da şuursuzca, bilinçli ya da bilinçsizce, bilerek ya da bilmeden katkıda bulunduğumuzu da unutmayalım. Mühim olan şuurlu, bilinçli, bilerek katkı sağlayabilmektir. Bunun erdemi de sözlerdedir. Varlıkların yaşamsal planında bir hakkediş yoksa sözlerin de bir anlamı olmuyor. Kişi kendine kapalı kalıyor. Kısaca anlayış kapısı kapalı oluyor. Ektiğin tarlanın verim vermemesi gibi. Minicik bile olsa, bir bilincin yeryüzünde oluşması önemlidir. Bir ilham, insanın kâinatta var olduğunu anlatır ona.

İnsan ki, varlığı itibari ile hiçbir mekânda bulunamaz. Ancak mekânda görünür olur. Cennet-Cehennem, Dünya-Ahret, Zahir-Bâtın. Bu ikili kavramlar da mekân değildir. İnsan bu kavramların içerisinde mekân dâhilinde de bulunmaz, lakin o ikili manalar insan yüreği denen mekânda yer alır. Çünkü insan başlı başına bir mekândır. İnsan harflerin ve sözlerin yarattığı bir mekândır. O Yüceliktir ki, **Kûn** emrini veren, Ol diyen ve Olduran bir Erdeme sahip iken İnsan, Yüceliğin bir kelâmı ise, tüm "cümle", İnsan denen mekânda toplanır.

Gökler ve Yer. Ancak insan yüreği denen mekânda bulunur. İnsan bu iki kavram ve dahi ortasında bulunmaz. Ve insandır ki, o insan cevheri, söz ile anlatılamaz. Ancak mana ile aktarılır.

İnsanın hakikatini anlatacak tek bir **söz** yoktur. Hakk insandadır ve İnsan Hakk'tandır.

Son olarak:

Söz, Özden ise, onu hiçbir şey silemez ve değiştiremez. Daima kalır ve bir yenisini yaratır. Vibrasyon etkisi sonsuza kadar salınım halindedir. Yani hareketi devamlıdır. Mukattaa Harfler, açılımlarını şifreleyen bir anahtardır. Bu anahtarlar, kutsal ayetler içerisine serpiştirilmiş, hepsi bir arada zikredilmiş ve ucu da açık bırakılmıştır. Hurûf'i Mukattaa olarak bilinenler, aslen birer harf ya da kelime değil, onlar Yüce'liğin Sözleridir. Dünya tarihinde, Yüce Sözler daima tekrarlandı. Ne eksik ne fazla hepsi son kitapta toplandı. Her zaman bu harfler, **kutsal harfler** olarak nitelendirildi. Kutsal olmak nedir diye soracak olursak: Biri diğerinden değersiz olan yoktur. Kutsal olarak anlamlandırmak, insanoğlunun değerlendirmesidir. İnsan zihni, harfleri, kelimeleri, sözleri sınıflandırır ve basamaklara dizer. Ve onları kutsal kılar. Asıl önemli olan, bu zihni durumun aşılmasıdır. Çünkü özelleştirilmiş bir zamana ait hükümleri olan bilgiler zaman değiştikçe sadece tarihi bir bilgi olurlar. Zaman içinde de kaybolup giderler. Hiçbir zaman yenisi gelmez. Gelen, eskisinden farksızdır. Çünkü Yüce'nin Sözü ve Vaadi değişmez. Sadece insan zihninin zaman ve mekâna uygun olarak, bu anlamlandırmaları değiştirmesidir.

Yüce'nin Sözü bir kitap değildir. O sadece bir sözdür. İnsanlar o Sözleri kitaplaştırırlar. Yazmak sadece kayıt altına almaktır. Okumak da Yüce Sözü doğru anladığımız anlamına gelmez. Her Yüce kelam, Yüce Söz, sonsuz katlı bir bohça gibidir. Aç aç bitmez. Anlamak için vakit ayırmak gerekir. Kısaca sadece okumak yeterli değildir, üzerinde düşünmek ve sonra da derin düşünmek gerekir.

SÖZ ERDEMİ

Çünkü Yüce'nin tüm işi Söz'dür. İnsanın işi de bu Söz'lere bir isim koymaktır. Manasını anlamak ve anlamamak da bir seçenektir.

Söz, insan için çok önemli bir **erdem**dir. Hem de insanın kendini ifade edebildiği en muhteşem **erdem**.

Söz insanın mührüdür. Zamana ve Mekâna vurduğu bir mühür.

İnsan boş **söz** sarf edemez. Etmemelidir.

Söz bir akittir. Bir antlaşma. Tıpkı **Kûn** emrinde olduğu gibi.

İnsan sözüdür. İnsan sözünden ve sözlerinden tanınır. Zaten insanın hazinesinde sözünden başka bir ziynet bulunmaz.

Birleşik alanda olanlar, aynı salınımdadırlar. Aralarında sır kalmaz. Ve hiçbir zaman sözleri pas tutmaz. Sözler daima diridirler. İşte Harfler Yasası. Harflerin Yasaları. Harflerden başka hiçbir şey yoktur. Harfler ve Yüceliğin Söz'ü. Bunun dışında her şey Yüceliğin bir yansıması. Kâinattaki tüm yaşam biçimleri, Yüceliğin geniş görüşlülüğünden bir yansıma. Yüceliğin özünden bir yansıma. Yücelik kendini bu yansımada seyreder.

BÂTINÎ KAPILAR HURUF

Bâtıni Kapılar

Kapı hem son, hem başlangıçtır. Tıpkı **Elif** Harfinin başlattığını **Lam** Harfi sürdürür ve **Mim** Harfi sonlandırır. Aynı zamanda bu son, bir başlangıcın da habercisidir.

Bir koyar bir alırsın. Hiç koymazsan, bir şey alamazsın. Alış veriş, evrenin dinamiğidir. Bu alışverişten haberdar olan insan tıpkı **Ayn** Harfinde olduğu gibi her şeyi gözetir ve adımlarını buna göre belirler. Her ne kadar yollar **Ye** Harfinin belirttiği gibi dolambaçlı olsa da, insan bu yolculukta ısrarlı bir yolcudur.

Bir kapı yoktur, binlerce kapı vardır. Kapı olarak nitelendirilen anlam, aslında yaşanmış ya da yaşanacak olan *gerçekler* anlamındadır. Her bir gerçekliğin farklı bir gerçekliği daha vardır. O gerçekliğin gerçekliğine erişildiğinde, diğer bir gerçekliğin kapısı açılır. Ve bu gerçeklikler, her insan için farklılık gösterir. Bu yüzden birinin yaşamında ulaştığı gerçeklik, diğer insan için bir anlam ifade etmeyebilir. Çünkü her insan bu yaşamsal gerçeklikler içerisinde bir "hal" yaşar.

Gerçeklikler yolculuğuna çıkan yolcu, deneyimler yaşadığı için, ulaştığı gerçeklik de, hakikate en yakın gerçeklik olacaktır. Fakat hakikatin **Ta** kendisi olmayacaktır. Her bir insan özünde aynı, yaradılışta çeşitlilik ve farklılık gösterir. Ve sürekli değişimlere maruz kalır. Bu yüzden bir insanın yaşadığı deneyim diğer insan için bir anlam ifade etmeyebilir.

Her insan **Kaf** Harfinde olduğu gibi güçlüdür ve **Nun** Harfinde olduğu gibi benzersizdir. **Ha** Harfinde olduğu gibi Son Durağın hakkını verene değin, bu deneyimleri devam edecektir. Tıpkı **He** Harfinde olduğu gibi, bulunduğu muhitten sıçrayışını gerçekleştirip, yeni oluşumlara yelken açacaktır.

Her insan, yaşadığı deneyimlerin sonucunda elde ettiği duygu ve düşüncelerin tarifini yapamaz. Tarifini yaptığı şey, aslen onun yaşadığı şey değil, sadece adlandırdığı ve anlamlandırdığı şeydir. Ve bu anlamlandırdığı da, kelimeler ve **Harfler** olarak, içsel sesi ile **Sad** Harfinde olduğu gibi hoş bir Sada olarak kâinatta yankılanır. Bu yankı, elbet bir gün yine kendine dönecektir. Tıpkı **Kef** Harfinde olduğu gibi insan kendine yeterlidir.

Yaşadığı durumu ve halini anlatamadığı için, anlatsa da bir başkası için bir anlam teşkil edemediği için, vardığı tüm çıkarımlar, varsayımlar, sonuçlar insana özgü bir "sır" olarak, yine kendinde saklı kalacaktır.

Bu yüzden *gerçekler*, insan nefesleri kadardır. İnsan her nefesinde bir hal yaşar ve bu halin yaşattığı bir gerçekliğe ulaşır. Ortaya milyon hatta milyar **aded** gerçeklik çıkar. Bilmelidir ki, binlerce gerçeklik de ortaya çıksa, bunların hiçbiri bir Hakikat etmeyeceğidir. Tüm yaşanan haller, gerçeklikler, varsayımlar Hakikate en yakın olandır. Ancak hiçbiri Hakikatin kendisi değildir. Hakikate ulaştığını düşünse dahi, binlerce hakikat de bir

Hakikatin Hakikati olmayacaktır. **Ayn** Harfî ve **Sin** Harfinde olduğu gibi bu yaklaşma, yatayda ve dikeyde, yay uzunlukları olan mesafelerin varlığından bizi haberdar edecektir. Her ne kadar yakın olsa dahi bu mesafe her zaman muhafaza olacaktır.

Kâinatta hiçbir zerre, diğer bir zerre ile birleşmez ve birbirine dokunamaz. Hiçbir insan birbiri ile hakikatte fiziksel temasta bulunamaz. Bilimsel olarak da aralarında daima bir boşluk vardır. Bu boşluk hem atomsal bir boşluk, hem de manevî bir boşluktur. Bu boşluk, Yaradılış Sevgisi ile doludur. Bu sevgi, yaşamı koruyan bir dokudur ve bir ağ gibi tüm zerreler arasındadır.

Tek bir zerre, diğer bir zerre ile birleşse idi, kâinat yok olurdu. Varlıklar arası bir sınır, bir mesafe olan Sevgi Dokusu, varlıklar arasında yaşamı daima koruyacaktır. İnsanlar, var olan boşluklar arasını korkularıyla, düşünceleriyle, ben diye adlandırdığı kimlikleriyle daha da açmaya çalışır. **Ra** Harfinde olduğu gibi, Hakiki İnsan varlığı da Sevgi Dokusunu ilmek ilmek işleyen, aklı vicdanı ve hür iradesi ile lider olma vasfını elde edebilecektir.

BÂTINÎ KAPILAR HURUF

Harflerin Bilgeliği

Her insanın özünde düzensizlikten düzene geçme güdüsü vardır. Kısaca kaostan kurtulmak ve kozmosa erişmek. Her ne kadar genel bir **"bilgi edinme mekanizması"** işlese de, her insan bu işleyen mekanizmadan kendine bir pay alır ve onu *kendine uygun* düzenler. Fakat bu düzenleyişi, genel sisteme aykırı değil *uyumlu* olmalıdır. Yoksa toplumdan soyutlanır ve yalnız kalabilir.

Bilgi edinme yöntemleri çok çeşitlidir. Her insan kendine en uygun yöntemi muhakkak bulacaktır, aklî durumu el verdiği müddetçe.

Bu bilgi edinme yöntemleri zaman zaman değişimler gösterir. *Bilmek için Bilmek* bir yöntemdir. Bu aşamadan başka bir evreye geçiş mümkün olduğunda artık *Bilmek için Bilmek* yönteminde güneşi sönen insan, *Öğrenmek için Bilmek* evresinde güneşi parlayacaktır. Daha sonraki aşamalarda yine benzer

tarzda ilerleyebilir. *Uygulamak için Bilmek ve Kavrayışa ulaş-
mak için Bilmek* ve bunun gibi. Her bir evrede kalınan süreye
"zaman" deriz. Ve her evre ilerleyişinin zamanı farklı işler. Her
bir evre bir *boyuttur* ve her bir boyutun frekansı/titreşimi *za-
man kavramı* ile doğru orantılı olarak farklılıklar gösterir.

Bu durumu farklı bir tarzda şöyle de aktarılabilir:

Herkesin bir dayanağı vardır. O dayanağından başka bir
dayanağa geçişini **zaman** olarak tanımlarız. O geçirilen zaman
aralığında insan, dayanağına tutunma ihtiyacı hisseder. Kimse-
nin dayanağını kırmamak gerek. O dayanağından el çekmeye
zorlamamak ve ısrar etmemek gerek. Bu sabırlı bekleyiş ona
tanınmalıdır.

İnsan ne yaparak huzur buluyorsa, bu onun dayanağıdır. Ve
kişi, o dayanağı dik tutar ve ona sıkıca tutunur. **Ta** ki başka bir
oluşuma yelken açana kadar.

O dayanakla işi bitene ve o dayanağa ihtiyacı kalmayana dek
geçen süre bir "zaman"dır. Her insan aynı şartlarda ve aynı sü-
rede aynı dayanağına tutunsa bile, her insanın hissettiği **zaman**
algısı farklıdır.

Bir dayanakta özgürleşen için artık o *evre*nin güneş sönmüş,
başka bir dayanağa tutunduğunda o *evre*nin güneşi parlamıştır.

Tüm dayanaklardan özgürleştiğinde ise, artık dünyadaki gü-
neşi sönecek ve başka bir dünyada güneş onun için parlayacak-
tır. Tüm bu oluşumlar *kayboluş* ve *yok oluşun değil*, dönüşmenin
habercisidir.

Fizik Sistemde ve İlahî Sistemde hiçbir şey yoktan var ol-
maz, varken de yok olmaz. Ancak şekil ve frekans değişikliği-
ne uğrar. Halk arasında "boyut değiştirme" olarak bilinse de,
boyut kelimesini çok uç noktalarda ele almamak daha iyi ola-
caktır. Anlayış ve kavrayış değişiminin fiziğe olan güçlü etkisi
ve madde titreşiminin kabadan inceye, inceden kabaya doğru

seyrelmesi bir *boyut değiştirme*dir. Bu boyut değiştirmede *düşünceler*, ana kaynaktır.

Düşünceler, kaygıların ötesine geçmek zorunda. İnsanın kendine iyi bakması ve bunu düşüncelerinin içinde *gerçek* haline getirmesi gerekir. Böylelikle dünyevî kaygıların çok üstünde bir yola adım atmış olacaktır.

Madde kelimesi, anlam bakımından ağır bir yüktür insanın omuzlarında. Onu sırtından atmadıkça, maddenin cazibesinden kaynaklı Hâkimiyet, insanın üzerinde daha da ağırlaşarak devam edecektir. Bu bilgi daha önce de sert bir biçimde ve farklı formlarda çeşitli bilgeler tarafından, çağlar boyunca söylenmişti.

İnsan, içindeki cevherle gelecekten gelen biridir. Geleceğin insanlığında bu üstün cevherler ve meziyetler var. Güven içinde onlar. Bu güçlü sezgisel bilgi, insanın gönlünde bir radyo gibi yayın yapar. Ama bunu akord edemez bu dünyayla. Çünkü kendine *kurak kurallar* koyarak oluşturduğu, yaşama bakışı vardır. Sadece o kuralların da değişebilir olduğu, ancak kabulle sürdürülebilir. Şimdi burada yücelerin dünyayı mayaladıkları zamanı anlatsam koca bir hiç olur. Herhangi bir bilgi alınamaz, klasik düşünce içerisinde boğulur, yok olur gider. Bu bağlantı gerçeği tam olarak çözüldüğü gün gerçeğin ışığı gözleri kamaştıracak. Ama dünyasal olanların ve dünya nimetleri içinde boğulanların yüreklerinde bunu aramak beyhudedir. Bu kelimeler, sadece onu özünde bulacağı erbaplarına ancak akabilir. Yani, kendi kendilerinin sahibi olanlara. Kişilerin boyundan büyük işleri yola koymasını beklemek, sadece bir beklentidir. Bu düşünce ile varılan her beklenti, sonunda bekleyeni mağlup edebilir. Bekleyen için de bu böyledir. Kime ve neye tam güvenmek? İşte iman burada başlar. Tek güven kaynağı ancak *ismi onurlandırılan* olmalıdır.

Kelimeler doğru kullanılsa da etkili olmaz her zaman. Çünkü kelimelere yüklenen anlamlar eksiktir. Halk arasındaki deyimle, kelimenin içi boştur. Süslü ya da güçlü kelimeler kullanmak kadar o kelimelere yüklenen duygu ve anlamlar da önemlidir. Hatta daha da önemli.

Kalıplaşmış ve basmakalıp haline dönüşmüş bazı öğreti kelimeleri de vardır. *Tekrar doğuş* öğretisi gibi, *Kısasa kısas* öğretisi gibi, *Dünya bir imtihan yeridir* öğretisi gibi, *uzaylılar* öğretisi gibi, *yenidünya düzeni* öğretisi gibi, zihinlere yerleşmiş olan en iyi örneklerine rastlamak mümkün.

Yoğun bir bilgi kirliliğine maruz kalmış bu öğretiler, bu konunun en güzel temsilcileri olarak karşımıza çıkar. Bu öğretiler yaşamdaki yerini alarak, zihinleri fazlasıyla meşgul eden *yenilikçi düşünce* olarak adlandırılır. Bu öğretiler, *modern düşünce* kalıpları içerisinde olmayı seçerler, ancak yeni zihinlere yerleşmek ve hapsolmak için, büyük bir güç ile hareketi tercih edenleri de var. Oysa öğreti niteliğini çoktan kaybetmiş, bu *bilgi yığınları yüzeyinin* hemen altında, bizi büyük tuzaklar bekliyor olacaktır. Öğretilerin Orijinal haline ulaşamayacağımızdan dolayı, var olanların gerçekliğini benimsemek büyük bir yanılgıdan ibarettir.

Önceleri, bu öğretilerin sakin takipçileri olanlar, şimdilerin hararetli savunucularına dönüşmüş durumda. Bu *kalıp öğretilerin* yönetici durumundayken, yarattıkları bu öğreti alanlarının tutsağı olmuşlar sanki. Benzer bir manzarayı *dini öğretiler*de ve *mezhep öğretileri*nde de bulmak mümkün. İnsanın, hiçbir değer karşısında kendini kaybetmemesi gerekir. Çünkü dünyanın, aklı hür vicdanı hür insanlara ihtiyacı var. Dolayısıyla da doğruyu yanlıştan ayırd edebilen bir *insan anlayışı* ortaya çıkabilsin.

HARFLERİN BİLGELİĞİ

Herhangi bir düşünce, fikir, kişi ya da eşyanın ateşli savunucusu olmak, bocalamayı da beraberinde getiriyor. Hararetli bir *savunucu beyin* "sorgulayamaz" ve daima tökezler. Akıl bize verilmiş en büyük cevher. Neden kullanamıyoruz ya da mesafeyi koruyamıyoruz? Çünkü kullanma kılavuzu ve bunun yöntemi, içsel alemimizde saklı. Akıl ve Vicdan işbirliği ancak tasarımı mükemmel bir bedeni, *insan boyutuna* ulaştırabilir.

İnsanların bu öğretileri nasıl gördüğüne dair güzel bir örnektir. Etkili bir sistem şekline bürünmüş bu öğretiler, insanların özgürlük alanlarını kısıtlıyorlar. Orijinal Harfleri ve Kesik Harfleri kullanmalarına, düşünce uzayında yeni ve yaratıcı kelimeleri var etmelerine engel teşkil eden, yeni tuzaklar oluşturuyorlar. Benim amacım bu örnekleri vererek insanların fark etmelerini sağlamak. O öğretileri küçümsemek ya da boş görmek değil. Her zaman *sorgulanmaya muhtaç* bu öğretilerin varlığına dikkat çekmek.

Kelimelerin anlamları değil, kelimelere yüklenen anlamların yozlaştığını görmek mümkün. Her yerde böyle olabilir. Televizyonda, radyoda, sosyal paylaşımlarda, yorumlarda, dostlar arası sohbetlerde ve bunun gibi. Kelimelerin bir dokusu, bir vurgusu ve tınısı olmalı fakat hiç lezzeti kalmamış gibi görünüyor. İçindeki değeri kaybedenlerin, *dolu* ve *geniş manaları* kapsayan kelimeleri yaratacak güçleri olur mu? Elbette olmayacaktır. Manalar, kendi değerlerini fark eden gönüllerin dillerine düşer ancak. Ve oradan ışığını yayarlar. O ışık tatlı bir temastır. Ve en kestirme yoludur iletişimin.

Halk arasında "ağzından bal damlıyor" denilen kişiler mutlaka olmuştur. Birçok kişinin söylediği cümlelerle konuşuyorlardır ama ciddi bir fark vardır aralarında. İşte o insanlar kelimelere güçlü manalar yüklüyorlar. Belki bilerek, belki de bilmeyerek. Ama bunu yapma yeteneği onlarda mevcut. Onları defalarca dinlemek keyif verir. Her seferinde farklı çağrışımlar yapar sözleri. Her keresinde farklı duygular hissettirir. Çünkü söyleyen kişi kıymet verir cümlelerine. Tozunu kirini pasını alır ve duygu düşüncesini katıp Harfleri kelimelere dönüştürür. Dinleyenlerin kulaklarına doğru güçlü bir yayın yapar. Mest olursunuz onu dinlerken. Ve başka kimsede yakalayamazsınız bu duyguyu.

Eskiler boşuna dememiş "mahabbet olmazsa evlilik yürümez" diye. İşte sözün, kelimenin ne kadar önemli olduğu her çağda vurgulanmış ve atasözlerine kadar yerleşmiş. Kelimenin anlamı kadar duygusunun da ne denli önemli olduğunu hatırlamış olduk.

Çok daha büyük kitleleri etkileyen insanları ele alalım. Kelimelere yükledikleri güçlü anlam ve duygularla çok daha büyük ve geniş toplulukları bir işe yönlendirebilirler. Etkili ve şifalı kelimeleri, her insanın kendi zihninde anlayabileceği tarzda şekil almasına sebebiyet verirler. İşte bu yüzden o insanın lisanı her zaman ve her insan topluluğuna açık olsa bile, ancak erbabına kelâm edebilir. Bu her çağda da böyle olmuştur. Ve her talepli hak ettiği kelimeleri duyar. Bu iki unsurun birbiri ile tesadüf etmesi kesinlikle sıra dışı değildir. Eskiden dervişler "nurunu çoğaltman yetmez, dilinden yansıtman da gerek" diye birbirlerini coşku ile teşvik ederlermiş. Bu yüzden insanın ışığını çoğaltması yetmez. Dilinden yansıyor olması da şarttır.

Ancak insan özündeki güzelliği bulamadığı ve kendini manasızlaştıran işlerle oyalandığı sürece, kelimeler söz olarak ağzından etkili şekilde yansıyamayacaktır. Çünkü saptığı yolu *doğru zannederek* bu konuda hep *ısrarda* olması, duygu ve düşüncelerini de harab edecektir. Harab olmuş duygu ve düşüncelerin yoğurduğu kelimeler, sözler ve yazılar da çok etkili olmayacaktır. İnsan bilgece düşünmeli, nedenselliklerin zihnini işgal etmesini engellemeli, attığı her adımın tadına varmalıdır. Ve bir daha da geri dönüş yapmamalıdır. İnsanın pürüzleri, engelleri ve ayak bağları bunlardır. Bu okunanlar, yersel ve göksel iletilerdir. Hayalin sınırlarını aşmak ancak yüksek düşünce ile olabilir. Yüksek Düşünce insan zihnine nasıl gelecek? Burada, göksel yardımların amacı da budur: İnsana yüksek düşüncenin gücünü hissettirmek ve hayallerinin sınırlarını aşmayı öğretmek. Göklerin ve yerin birleşiminden olan güçlü ve anlamlı olan bu kelimelerdir. İnsanı büyük bir cendereden çıkarıp huzurun yoluna iletebilir. İnsanın ruhunda büyük dalgalanmalar oluşturabilir. Gelişimini hızlandırabilir. Kendisinin oluşturduğu yapay huzur da uçup gider. Kelimelerin gücü ve anlamlı etkileri değiştikçe *zaman ve mekan algısı* da değişir. Kısaca mekânın titreşimi yükselir. Burası çok zengin bir plânet. Ve dünya plânetinin çok önemli bir özelliği var. Üzerinde yaşayan bilinçli varlıklardan etkilenerek kendini yükseltebiliyor. Titreşimini hızlandırarak, üzerinde yaşayan canlılara daha konforlu bir yaşam merkezi hazırlayabiliyor. Bu nasıl gerçekleşiyor?

Meydana gelen her şey, onları hakk edenler olduğu için meydana çıkar. Dünyada da farklı ve değişik titreşimler olursa yeni meydana gelecek şeyleri de görebilmek mümkün olacaktır. Dünya da titreşimi olan bir varlık. Dünyanın titreşimini üste çeken ya da aşağı çeken de yine üstünde yaşayan varlıkları. Bu varlıkların en önemlisi insan. Çünkü insan şuurludur. Bitkinin veya hayvanın bulunduğu konumdan değişmesi mümkün değil. Ama insanda değişebilirlik var, dönüşebilirlik var. İnsan dünya planetini kendi ile beraber yükseltebiliyor. Böylece beraber alçalacak veya yükselecek. Bu işte, insanların ortalaması çok önemli. Ortalamaya göre değişim gerçekleşir ve meydana gelecek olan şey ortaya çıkar.

İnsan, sadece belirli şartlar altında zorlanırken, daha zor şartların elverdiği yaşamları bir nebze olsun anlayabilir. Kolay mücadele yoktur. Her biri ayrı ayrı kıymetlidir insana. *Bunlara ne gerek vardı* diyebilir insan. Gerek vardı ki, dışını kuşatmış yersel etkilerden sıyrılıp, göksel titreşimlerin tohumu serpilsin, büyüsün ve *insan kelimesinin* anlamını bildirsin. Bu bilgilerden yoksun biri, İlahî düzenin zalim olduğunu zannedebilir.

Harf kombinlerinin oluşturduğu kelimelere anlam yüklemek, erdemli bir kolaylık içerir. Fakat biz anlam yüklenmiş, hatta anlamı ağırlaştırılmış, yolundan saptırılmış kelimeleri kullanarak, onları daha da karmaşık hale getiriyoruz. Bu yüzden sorularımız tükendi. Soru sormanın bir erdem olduğunu unuttuk. Üzerinde bulunduğumuz *dünya* kelimesine ne çok ağırlaştırılmış anlamlar yüklenmiş. İmtihan Dünyası, Tekâmül Dünyası, Rüya Âlemi, Hayâl Dünyası, Oyun Yeri, Sınanma Dünyası gibi. Ve bunlar laf olsun, sözler süslü ve kalabalık olsun diye sürekli telaffuz ediliyor. Gerçekte, dünyamızın bir **Soru Dünyası** olduğu gerçeğini göz ardı ederek. Belki de cevaplarını başka dünyalarda edineceğimizi düşündüğümüz için, soru sormaya üşenerek.

İnsan kendi özünde her zaman teyit ister. Desteklenmek ve kabul görmek beklentisine girer. Bu desteği ve kabul görüşü bir insandan da bekler, bir olaydan ya da bir kitaptan. En büyük beklentisi de gizlice konuştuğu Yücelikten. Bir işaret, bir ses, bir onay. Bekler ama bir türlü gelmez o kıvılcım. Beklentisini terk edip, titreşimi yüksek kelimelerden oluşan sorular sormak en akıllıca yol olabilir. Fakat bu soruları, hücre yığınlarından oluşmuş boş kalabalıklara değil, kendi *evrenine* yöneltmelidir. Doğru sorular için etkili kelimeler, kadim cümleleri de kendine çekecektir. Zaman ile sınırlanamayan zamansızlıklardan gelerek cevaplara dönüşecektir.

İsmimiz olan İnsan kelimesi, Kâinatın bir kelimesi değil midir? Her insanın kendi ismi de Harflerden oluşan kelimeler değil mi?

HARFLERİN BİLGELİĞİ

O halde insan başlı başına kelimelerden oluşmakta. Her insan, kâinatın Harfleridir ve yaşam içerisinde her yaptığı hareket ile kelimeleri oluşturur. Ve kâinatın kelimeleri sınırsız. Çünkü Orijin Harfler sonsuz sayıda. Ve şekillenip Kesik Harflere dönüştüğünde de sınırsızlaşıyor. Sadece nasıl şekillendiği, bulunduğu yer ile sınırlı. Olduğu yer ile sınırlanmasa o mekân nasıl ayakta kalabilirdi? İnsana düşen de, Orijin Harfleri, Kesik Harflere dönüştürmek ve olduğu mekânda yani bedeninde sınırlamak, sonsuzluğa uğurlamak olmalıdır. Orijin Harfleri yaratıcı birer kelimeye dönüştüremediği, hizaya sokamadığı ve hükmü altına alamadığı müddetçe de, dünya titreşiminin değişmesini beklemek boşa hayaldir.

Kelimelerin yaratıcılığı, ihtiyaç oranında belirginleşir. Mekânın yani Bedenin ve dünya gezegeninin de hazır olması gerekir. Dünyanın hazır olması, insanın hazır olmasına bağlıdır. Bu üstün bir cesaret gerektirir ki, ruhsal cesaret her insanın harcı olmayabilir.

Orijin Harfler insan zihninde şekillenip Kesik Harflere dönüştüğünde, anlam yüklü kelimeler olarak söze ve yazıya dökülürler. Kelimelerin yaratma gücünü keşfeden için, geçmiş ve gelecek artık bir kayıt oluşturmaz. Bu, güçlü bir öneridir ve bir bilgidir. Bu bilgi kesin bir teyit ister. Her insan bu doğrulamayı rüya, sezgi, iç ses yardımı ile alabilir. Rüya, sezgi, iç ses olarak tanımladığı durum, farklı bir *evrede* derinden hissettiği bir *yüksek hayalli düşünce hissiyatı*dır. Bu hissiyat da, aslında kelimelerden oluşur. Çünkü Yaratıcı Kelimelerin hissettirme, rüya olarak görüntüye dönüşme ve iç ses olarak seslenme gibi yetenekleri vardır. Sanki bir levhadan yansıyan görüntü, bir antenden yayın yapan bir ses gibidir. Aslında hiçbiri değildir. O kelimeler birebir onu hisseden, duyan ve görenin **ta** kendisidir. İnsan kelimeleri aktaran bir bedendir fakat hakikatte o kelimeler kendisidir.

Her insan başlı başına bir külliyattır. Kısaca, her insan kelimeleri söyleyen cümledir, yarın bir külliyat olur. En büyük kayıb da, kendi gözünde kendini değerlendirmediği sürece, bunu asla fark edemeyecek oluşudur. Kendi gözünde kendini değerlendiren ve onurlandıranı, zaman enerjisi de takip eder. Ve o kişiye *yaşam hazineleri* sunar. Biz buna ister ödül diyelim, ister şans diyelim, ister tesadüf diyelim. Hakikatte bunlar *İlhamların* değerlendirilmesidir. *İlhamda olanlar* birbirlerini tanırlar. Onları yaşatan iksir de budur aslında. Bu çalışma, dünya insanlığı üzerinde yapılan ilahî bir testtir. Başarılı olursa tüm kâinata sirayet edebilir. Bu yüzden dünya insanı, büyük bir *sorumluluk üzerinde* olduğunu hatırlamalı.

İnsan, sadece yaşadıklarını yansıtır. Bunu yapmak için de kelimelere ihtiyaç duyar. Bu iletişimi, ister zihinsel arşivindeki anlamlandırılmış kelime kayıtlarından alır ve kullanır. İsterse de Orijin Harfleri zihninde Kesik Harflere dönüştürür ve onları söze dökerek, anlam kattığı kelimeler aracılığı ile yapar.

Her ne şekilde olursa olsun, her kelime kişiye özel karakteristik bir özellik taşır. Yani Harfler, kişinin zihinsel şekillenişine, ağzından seslenişine ya da kalemine özgedir. Bunların her biri birer iletişim yöntemidir. İletişim yöntemlerinde birbirine benzer kelimeleri kullanabilir, fakat aynı kelimelerle aynı duyguyu hissettiremez. Çünkü insanın bulunduğu mekân, içinde olduğu zaman ve insanî halleri değişmiştir. Kısaca kişinin fiziksel ve ruhsal durumu kelimelere sirayet eder. Bunu tüm insanlığa adapte edelim. Ortaya binlerce yıldan günümüze kadar kullanılmış, sonsuz sayıda kelime arşivi çıkar. Peki bu kelimeler nerede birikir?

Fizikte ve Ruhsal boyutta hiçbir şey yoktan var olmaz ve varken de yok olmaz prensibini biliyoruz. Sorunun cevabı: Tüm seslerin, tüm düşüncelerin, tüm hareketlerin kayıtlı olduğu merkezde! O merkez büyük bir yapı içerir. Bilinç Merkezi, Kâinat Merkezi, Şuur Merkezi gibi çeşitli isim ve sıfat tamlamaları ile anlam bulmuştur. İşte bu merkezlerin içerisinde kelimelerin kayıt olduğu bir arşiv vardır. **Kullanılmış Kelime Arşivi.** Bu tanımı, Orijin Harflerin geldiği kaynak olarak düşünmeyelim. Çünkü Orijin Harfler henüz hiçbir varlık ile irtibata geçmemiş, şekil almamış bir tanım içerir. *Kullanılmış Kelime Arşivi* ile *Orijin Harfler Kaynağı* tanımlarının aldatıcı benzerliği dikkat çekici olsa da, her iki kavramın da stratejisi farklıdır.

*Kâinatın Kullanılmış Kelime Arşivi*nde kayıtlar sürekli tazelenir. Fakat bu tazelenme süreklilik içerse bile, arşivden kullanılan kelimeler her zaman aynı duyguyu, aynı maneviyatı yaşatmaz. Her kelimenin tek kullanımlık bir *hal ömrü* vardır. Her kelime güçlü duygu yoğunluğu ile kayıtlansa bile tekrar kullanıldığında o duygu yoğunluğunu kişiye ve duyanlara hissettirmez. O kelime sadece anlam katılmış ve kullanılmış bir kelimedir. Yaşanmışlığın sindiği o heyecanı, insana tekrar yaşatmaz. Yeniden hal ve heyecan yaşatması için, farklı kelime şekillerine bürünerek gelmesi gerekir.

Kelimeler her seferinde yenilenir fakat insana hep aynı duyguları yaşatmaz. Çünkü insan değişken bir yapıya sahiptir. Onu değişken hale getiren de bulunduğu mekân, içinde bulunduğu zaman ve düşünceleridir. Örneğin insanı gençken heyecanlandıran birçok cümle, zaman ilerledikçe kayıtlanarak eskir. Kelimeler anlam bakımından benzerlik taşısa da, farklı kelimeler kullanmak kişinin yenilendiğini değil, özgür olamadığını gösterir. Çünkü kelimeler, düşüncelerde kısıtlı kalmıştır. Kelimeler gibi, düşüncelerimiz de dünya enerjisinin tutsağı. Genişleyebilir, ama derinleşerek *dünya uzaysal* formunu aşamaz.

Kelimelerin etkisi nasıl anlaşılır?

Kelimeler, kişilerde duygu dalgalanmaları yaratıyor ve her seferinde daha farklı haller yaşatıyorsa, bu durum kişilerin geliştiğini ifade eder. Kelimelerin başkalaşımını değil. Yoksa kişi istediği kadar ilahîler dinlesin, kutsal ayetleri okusun, en duygu yüklü tiyatro oyunlarını seyretsin, yüreğinde bir taş var ise, o taş sonsuza kadar taş olmaya devam edebilir. Duymaz ve işitmez. Kelimelerin gücü ve etkisi, ancak onları duyanların değişime hazır olmasını bekleyecektir. Bu yüzden kelimelerin kuvvetini kesinlikle hafife almamak gerekir. Fakat kelimelerden etki oluşturmak için *yokluğa kayan cümleler* oluşturmak da anlamsızdır. Kelimeleri yer değiştirerek, güçlerine güç katmak da boşunadır.

Konumuz mademki kelimeler, bir soru geliyor insanın aklına. Kelimeleri sadece insanlar mı kullanır? Elbette ki hayır!

Her canlının kelimeleri kullanma özelliği vardır. Canlı diyorum çünkü kâinatta cansız hiçbir nesne yoktur. Nebat, hayvan ve insan dışında olan nesneleri cansız kabul etmek, Yaratımın da inkârına sebebiyet verebilir. Çünkü güçlü ikna ile ortaya çıkan her şey **canlı bir form**dur. Yaratımda cansız bir oluşumun varlığı düşünülemez. Her canlı ki buna nebat, hayvan, insan ve madde formları da dâhil, kelimeleri benzersiz bir şekilde, sonsuz ve sınırsız özgürlükte kullanır. Kâinatta her şey hareket halindedir ve her daim ses üretir.

Bizden milyonlarca ışık yılı uzaklıkta bulunan galaksiler ve yıldızların seslerini duyabiliyoruz. En yakınımızda bulunan gökcismi Ay uydusunun ve diğer tüm gezegenlerin hatta güneşin dahi sesini duymak mümkündür. Makro ve mikro kozmosta her ne var ise, *kelimeleri* güçlü ve benzersiz bir şekilde kullanır. Bu kelimeler, olağanüstü biçimler alarak karşımıza çıkabilir. Birçok amaca hizmet edebilir. Birbiriyle bağlantılı ve doğrudan bağlantılı bir şekilde. Ortaya çıkan tüm kelimeler de Kâinatın, Kullanılmış Kelime Arşivinde kayıtlanır. Bu kayıt arşivi nerededir dersek, her yerdedir.

HARFLERİN BİLGELİĞİ

Tüm cisim ve maneviyat içeren, gözle görülen ya da görülemeyen tüm formlar, Kayıt Merkezinin bireyleridir. Bu bireyler birbirine bağlıdır. Aralarında bir ayrılık yoktur. Kâinat, içerisinde bulunan tüm formlarıyla beraber bir kayıt merkezidir. Kısaca kelimeleri hem üreteni hem de kayıtlayanıdır. Bu döngünün dışına çıkmak, ancak Orijin Harfleri kullanmak ile mümkün.

Dünya insanı dışında kâinatın tüm formları, Orijin Harflerin Kaynağından yeni Harfleri şekillendirerek taze kelimeler üretirler. Her ürettikleri kelimelere yeni anlamlar katarak, Kâinat Arşivini zenginleştirirler. Sadece insan bu oluşumun dışında kalarak, bu düzeni bozan bir yapı içerir. Nasıl mı? Elbette ki, sürekli Kayıtlar Arşivinden yararlanarak! Anlam üstüne anlam yüklenmiş kelimeleri, sürekli kullanma rehavetine düşerek. Üstelik *Orijin Harflerin Kaynağı*ndan çok defalar haberleri olduğu halde! Orijin Harfleri kaynağından süzerek, zihinlerinde birer Kesik Harfe dönüştürmenin yöntemine ait kullanım kılavuzu, her seferinde *yenilenerek* gönderilmiş olmasına rağmen!

Kelime Kayıtları Arşivi, adı üstünde bir *kayıt* merkezidir. Gerektiği zamanlarda kullanıma açıktır. Kullanımda süreklilik içermez. Orası *anlamlı kelime* zenginliğinin hazine odasıdır. O hazineyi güçlendirmek gerek, sürekli kullanarak tüketmek değil. Burada bilmemiz gereken bir konu var ki, Kayıtlar Arşivinde kelimeler asla tükenmez. Tükenen daima insanlığın kendisi olmuştur ve olacaktır.

Sürekli kayıtlardan kullandığı kelimelerle yoğrulan bedenler, enerjisini yenileyemez ve tazelenemez. Yorulur, yaşlanır ve erken sonlandırır kendini. Ya da dâhil olduğu medeniyetini. Tarihin kadim zamanlarına baktığımızda, medeniyetlerin ömürleri çok fazla uzun olamamıştır. Yüksek medenî seviyelere erişmek için yeniliklerle donanmışlar, yeni kelimeler üretmişler, ilimde, bilimde, sanatta, teknolojide ilerlemişler, fakat zirveye eriştiklerinde çok basit nedenlerle yok olup gitmişlerdir. Bunun sebebini hiç düşündük mü? Ve içinde bulunduğumuz zamanın da, buna benzer bir durum içerdiğini de söyleyebilir miyiz?

Kelime Kayıtları Arşivi, bir kelime zenginliğidir. Kelimeler, anlamlarının üzerine anlam katılmaya bağışıklık kazanmış olsalar da, bu anlamları özlerine sindirmeye bağışık değillerdir. Kelimeler her ne kadar *Kelime Kayıtları Arşivi*nde birikse de, özlerinde Orijin Harf Kaynağının enerjisini taşırlar. Yani kelimeler, yüklü oldukları anlamlarından her an sıyrılıp, tazelenebilir ve enerjileri *yükseltilebilir*. Kısaca, Kelimelere yüklenen anlamlara aldanılmamalı, zira kelimeler Harflerden oluşmaktadır. Harfler de geldikleri kaynağı ve şekillenmeden önceki cevherlerini muhafaza ederler ve her zaman özlerinde hatırlarlar. Bundan dolayı kelimeler, hiçbir zaman *akıllı insan formu*nun oyuncağı olamazlar. Kullanımları çok önemli bir dikkat içermelidir. Kitabın en başında vurgulamıştım. Harfler birer topluluktur ve canlı formlardır. Onların da diğer tüm canlılar gibi suretleri vardır. Fakat Harfleri canlılardan ayıran bir özelliği vardır. Kâinatın işlevsel mekanizmasına etki edebilirler. Eğer doğru ve temiz anlam yüklenmişlerse, kâinatın işleyen çarklarını çevirirler. **Bâtına Açılan Kapıları** aralayabilirler. Doğru ve temiz anlam yüklenmemişlerse, hayaller arasında eriyip giderler ve Orijin Harfler kaynağına geri dönerler. **Ta** ki tekrar şekillenip anlam yükleneceği zamana kadar, aktif bekleyiş sürecine girerler.

Harfleri bir süreliğine tutabiliriz, asla tutsak edemeyiz. Çünkü Harf topluluğu özgür bir iradeye sahiptir. Harflerin ve Kelimelerin Şuursuzca kullanılmaları, anlamlarının deforme edilmeleri, kötü ve menfî amaçlar için yönlendirilmeleri, büyü, sihir, tılsım amaçlı sürekli tekrar edilmeleri, kâinatın gözünde *düşmanca bir tutum* yaratabilir. Son derece yıkıcı bir etki oluşturabilirler.

Kelimeler, Kâinatın yaratıcı ve kader belirleyici sıfatını ellerinde bulundururlar. İnsan bilinci, bu bilgiden ve beceriden yoksun gibi görünse de, bilerek ya da bilmeyerek bu yaratıma katkıda bulunur. Kâinatın, üstün insan formundan beklentisi, kelimelerin *şuurlu kullanım kabiliyetine* erişmesidir. Ve kâinatın, insan formuna, çeşitli canlılar vasıtasıyla fısıldadığı bir mesajı var. Çok azı bunu duyuyor olsa da, bu mesaj bize ne yapmamız gerektiğini hatırlatan iyi bir örnek: *"Aklını kullan ve düşmanını iyi seç. Kelimelerle dans edilebilir, lakin onları kendinize asla düşman seçmeyin."* İlk bakışta düşman kelimesine karşı bir tedirginlik izlenimi doğabilir. Fakat harflerin büyüleyici dansının eşi benzeri yok.

Suyun kaldırma kuvveti ve dünyanın yer çekimi kuvveti olduğu gibi, kelimelerin de yükselme ve yükseltme kuvveti vardır. O halde kelimeler birer kuvvettir. Hem de yaratıcı bir kuvvet. Ve onları soyut madde olarak kabul edebiliriz.

Temiz kelimeler, Yücelik kaynağına doğru yükselir. Bu yükselme, güçlü bir kuvvet yaratır. Ayrıca temiz kelimelerin yükseltici özelliğinin de, temiz anlamlarında saklı olduğundan haberdarız. Bir önceki paragrafta kâinatın akıllı insana *"kelimeleri düşman seçmeyin"* uyarısını da biliyoruz. Temiz kelimelerin yükseltici kuvveti kadar, temiz olmayan kelimelerin de ağır bir enerjiye sahip olduğunu söyleyebiliriz. İnsan da, tüm canlı formlar gibi, Kâinatın bir Kelimesidir. İsmi ile cismi ile varlığı ile kelimelerden oluşur. Varlığında ve özündeki bu kelimeleri ve anlamlarını temiz tutmalı ki yükseltici kuvvetinden faydalanabilsin. Temiz olmayan kelimelerin ağır enerjisi ile boğuşmasın.

Kelimeler istikametin ruhudur. İnsan bedeni bu kadar yükü taşıyacak güçtedir ve taşır da. Kelimelerin ağır enerjisi kesinlikle hafife alınmamalıdır. Çünkü insan bu konuyu hafife aldığı kadar yerküreye bağımlı kalma riski taşır. Ve kelimelere bıkkınlık verdirirse, kelimelerin oyuncağı olur. Sahip iken tutsaklığa terfi eder. Kelimelerin ağırlığı ile toprağa gömülür de gömülür. Oysa daima bir şansı vardır, lakin değerlendiremez. Temiz anlam yüklü temiz kelimelerin, titreşimi yüksek Yüceliklere doğru yükselme ve yükseltme kuvvetini kullanmak en doğru seçenektir.

Hazır konu gelmişken, **seçenek** kelimesinin anlamını irdeleyelim. *İyi insan* tanımı her zaman yürürlükte kalamayabilir. İyi insan yoktur, seçeneklerini iyi değerlendiren ve iyi seçimler yapabilen, kararlı insan vardır. Çünkü insan nefs sahibidir ve bu sahiplik, aldatıcı bir özellik içerebilir. *İyi insan* etiketi ile tanımlanan her insan *mağlup edebilir* bir özellik de taşır.

İnsan kademeler bütünüdür. Öğrenirken seviye farklıdır, acemilikte farklı, olgunlukta bambaşkadır. Toplumda *iyilerin aptal olduğu*na dair, sanal bir kalıp düşünce var edilmiştir.

İyi seçimler yapabilen ve bunları uygulayabilenler, iyi insanlar kapsamına girmelidir. Onlar vicdanlarını eskitmek istemezler, hesaplara düşüp bocalamaktan kaçınırlar. İşlerini baştan bitirirler ve geleceğe taşıyarak yük edinmek istemezler. Eşya ile ve başkaları ile aralarındaki yay uzunluğuna sahip mesafeleri iyi korurlar. İyi seçimler ve uygulama alanına konmuş iyi kararlar, işi kolaylaştırır. Sonuçta dünyalara sahip olsa insan, yine gün gelir sahip oldukları elinden kayıp gider. Bunun bilgisi ile hareket etmek, yükü hafifletecektir.

İyi insan tanımını, seçimleri temiz ve doğru kararlar alabilen *bir anlam* bütünlüğü ile zenginleştirmeliyiz. Ki hayata karşı bakışımız yenilgilerle dopdolu olmasın. *Kötü insan* olarak yaftalanan ve bir kenara itilen insanların da, insanlığın gözünde bir şansları olabilsin. Stres altında en doğru kararı verebilmek oldukça güçtür. Fakat iyi ve kötü sıfatlarından sıyrılmanın da her zaman bir yolu vardır.

Harflerin Fonksiyonu

Harfler ile Sayılar farklı tınılardadır. Biri yaratır diğeri belirleyicidir. Fakat her Harfin bir sayı değeri olduğunu biliyoruz. Bu sayı değeri kelimesini anlayışımıza uygun olması için kullanabiliriz. Harfin bir iki üç diye bir sayı değeri değildir bu. Vibrasyonel etkisi ve titreşim ölçüsü, o Harfin sayı değerini belirler. Bu yüzden Harflerin yan yana gelişlerinde ve sürekli tekrarlarında dikkatli olunmalıdır. Basit ama ikna edici bir örnek vermek gerekirse, yüksek dozda makarna ve ekmeği bir arada yemek gibi. Sizi şişmanlatarak sonuçta hasta edebilir. Ve bu ağırlıktan kurtulmak için ağır ve sancılı perhizler yapmak durumunda kalırsınız.

Egodan bahsediyoruz. Bunu davranışlara bağlarız. Kibir ve böbürlenme de böyle. Bu duygusal hezeyanların sinyali gizli kelimelerdedir. Harfler bir araya gelişlerinden sorumlu olmazlar. Onları bir araya getirene sorumluluk yüklerler. Kibir, tevazu, böbür, kin, nefret, aşk, sevgi gibi kelimeler davranışsal değil, aslen Harfseldir. Kelimelerin titreşimi yoğunlaşır ve kişiyi etkisi altına alır. Daha sonra davranışlara ve eylemlere kuvve sağlar. Geleceğin insanları, tedavilerde kelimeleri kullanacaklar. Muazzam bir güçtür Harfler. Sadece kullanmasını bilmeyen insanlığın elinde savrulup durmaktalar. Çünkü insan ve insanlık henüz kendi ruhsal özünün farkında değil.

Harflerin bir arada olmaları muazzam bir güçtür ve kapalı duran kapıları açarlar. Zamanı gelen *anlam* ortaya çıkar ve yüzündeki peçeyi açar. Çünkü insan düşündüğü her ne varsa, o kadardır, fakat potansiyelinde açığa çıkmayı bekleyen *anlamlar* mevcuttur. İşte bu, insanın gizil gücüdür. İnsan *bende daha ne cevherler, daha neler var acaba* diye hiç merak eder mi? O kadar dış ile meşguldür ki, o kadar *başkaları ve elâlem* odaklıdır ki, bu soruyu sormak bile aklına gelmeyebilir. Gizil gücündeki organizasyondan habersiz bir ömür sürer. Konuşmalar hem dışarıdan hem içeriden mümkün olmalıdır. Çünkü bu iki iletişim yöntemi birbirine **Ayn** Harfinde olduğu gibi gözeticidir. Bu tıpkı şuna benzer:

Gözler onu görür fakat **Ha** Harfinde olduğu gibi, beyinler onu *ihata* edemez, oysa kâinat tüm beyinlerden idrak edendir. Çok az kişi gördüğünü ihata edebilir. Bu da o insanların titreşiminden kaynaklanır. Çünkü onlar kendilerine biçtiği rollerin farkına varmışlardır. Bunu kontrol edebiliyor ve dengede tutabiliyorlardır. Bu denge ve kontrol de, o insanların titreşimini yüksek seviyeye çıkarır.

Yüksek seviyeli titreşime sahip insanlardan ortaya çıkan Harfler ve kelimeler de yüksek titreşime sahip olacaktır. İşte o kelimeler yaratıcıdırlar. Ve onları var edenlerin bereketidirler. Nedeni ise, yüksek seviyeli kelimeleri var eden yüksek seviyeli titreşime sahip insanlar, dünyanın, maddenin ve diğer tüm insanların da enerji alanlarına katkı sağlamış olurlar. İş bununla da bitmez. Geriye dönük, yedi ceddin (atalarının) titreşimleri ve ileriye dönük yedi soyun titreşimleri, bu yüksek seviyeli enerji alanlarıyla etkileşecek ve donatılacaktır.

Kâinatta hiçbir şeyin kaybolmadığını ve zaman kavramının lineer değil kaotik işlediğini unutmayalım. Geçmiş ve gelecek sadece bizim bakış açımızda ve algılarımızda. İnsan algıları değişebilir bir özellik taşır. Unutmayalım ki, insanların algıları ile oynanırsa, onlara yanlışı doğru olarak kabul ettirebilirsiniz. Fakat sınırsızlıktan haber ettiğinizde insan algılarının hangi kapıları açarak sonsuzluktan beslenecelerini hayal bile edemeyiz.

İnsan algısı hayatî bir öneme sahiptir. İçinde bulunduğumuz algı sistemini tartmadan da bunu anlayamayız. Hayata hangi açıdan bakıyor ve anlamlandırıyoruz? Düşünce sistemimiz nasıl işliyor? Bir olayı yorumlarken o olaya odaklı mıyız? Yoksa çağrışımlar bizi alıp geçmişe mi götürüyor? Dünyayı zihinsel çağrışımlarla nasıl ilişkilendirip, olayları birbiriyle montajlıyor ve olan bitene hangi duyguları yüklüyoruz? Belki de korku ve acı yok. Belki de endişe ve saplantılar yok. Sadece bakış açısı var.

İnsanın baş edemediği en büyük duygusu gizli korkuları. Kendisinin bile kabul etmediği korku gerçekliği. Korkmasını gerektiren sahiplenmeleri var ve bu sanal korkuları tüketmeden, kendi yaşamının büyük bir bölümü korku filmine benzeyecektir. İnsan, kişiler ya da eşyalar ile olan bağlılıkları ve bağımlılıklarını fark ettiği anda ve bunların sadece sanal bir hayal ürünü olduğunu bildiği anda korku filmi biter ve yaşam başlar. İşte bu yüzdendir ki, herkes yaşamı hakikati ile yaşayamaz fakat herkes bir gün bu dünyaya elveda diyecektir.

Eşya ve elâlem kelimeleri, enerji seviyesi düşük birer kademedir. Onlara bağımlı bir ömür geçirmek, asıl acı ve korku bu olmalı. Her şeyin son kullanma tarihi olduğu gibi, bunun da bir sonu var tabiatıyla. Per perişan olmadan da mümkün görünemiyor. Yeter ki, bir ömür sürmesin. Bilinçli fark etmeler ve mesafeler oluşsun. Ki hakikatli bir yaşama geçilebilsin.

Aslında büyük bir bilinmezin içinde insan. Bilinmezde oluşu da gerçekte iyi bir şeydir. Bu dünya gizemsiz çok sıkıcı bir yer olurdu. İşte bu nedenle kendini ilhama ve kendi iç dünyasına açmak zorunda. İnsan, dış dünyaya ve dış dünyanın etkilerine sıkışmış olduğunu anlamalı. Ve kendinden, kendi içselliğine doğru bir yol açmaya girişmeli. Bunu da mevcut piyasa uygulamalarına bulaşmadan, kendi çözümüne ulaşmalı. O zaman içsel talebin ne kadar önemli olduğunu anlayabilir. Bildiklerinin kendisine yetmediğini, yeterli cevaplar alamadığını fark etmeli. Orijin Harflerin enerjileri ile dopdolu olan Kesik Harflerin oluşturduğu kelimelerden meydana gelen bir sisteme geçiş yapabilir. Enerjisi yüksek Harflerin bilgeliği ile yeni denizlere ve onların ufuklarına sahip olabilir. Bu, insana değer yüklü bir amaç sağlayacaktır.

Harflerin fonksiyonları, bildiğimizden çok daha geniş kapsamlıdır. İnsan Harflerden çeşitli kelime kombinleri yapar ve bunu cümleler halinde kullanır. Ve sözünden, özünden, kaleminden çıkan her Harfin sorumluluğunu da yine kendi taşır. Fakat kendisinin neredeyse çok az kullandığı, fakat başkalarının kendisine ait bir kelimeyi sürekli kullandığını pek hesaba katmaz. Bilmelidir ki, en çok kullanılan Harf bütünlüğü, kendi ismidir. Ve bilmeden kendi isminin, kaderine ortak olmasını sağlar. Her Harfin bir fonksiyonu var diye belirtmiştim. Ve her Harfin titreşim değeri olan sayısal değeri var.

İsimlerimizi her ne kadar sıklıkla kullanmıyor olsak da, başkaları tarafından sürekli tekrarlanır. Bu tekrarlanış ismin sahibine de bir telif hakkı getirir. Kişinin ismi ne kadar sade ise o kadar iyidir. Çünkü kişinin ismindeki Harflerin sayı değeri, sürekli kullanıldıklarında ebced ağırlığı oluşturur. Bu ebced ağırlığı da, ismin sahibine bir telif hakkı yükler. Bu yüzden eski insanlar isimleri yerine mahlas kullanırlardı. Ya da bir çocuğa isim verilecekse o çocuğun marifetlerine uygun bir isim konurdu ki, kaderi ismi ile beraber yürüsün. Fakat günümüzde bu böyle değildir. Bebek doğar doğmaz isminin konma mecburiyeti vardır.

Diyelim ki, kişinin ismi yüce bir anlam taşır ve sayı değeri yüksektir fakat o kişi kirli işler ile uğraşır. Ve ismi her kullanıldığında, ismine yüklenen anlam o kişinin kaderine bir yön çizer. İnsanların isimleri, ismin sahibine telif hakkı verir. Kısaca her insan isminden bir telif hakkı alır. Kişilerin isimleri hangi amaçlarla söyleniyor, olumlu ya da erdemli anlamlar yükleniyorsa, herkes o anlamlardan telif hakkını böylelikle alır. Çünkü isim, kişiye doğar doğmaz konmuş ve o isimle beraber yaşamaktadır.

İsimden telif hakkı alındığı için, sahip olduğumuz isimlerimiz çok önemli. Çünkü o isimler her kullanıldığında biz o isimden telif hakkı alıyoruz. En büyük etkiyi en küçük şeyler yaratır. Göz ardı edilecek kadar küçük şeyler yaşamımızı yönlendirebilir. Fırsatımız varsa ismimiz yerine mahlas kullanabiliriz. Eğer yaptıklarımız, uğraşlarımız, mesleğimiz ve yaşamımız ismimize uygun ise buna gerek yoktur. Fırsatlar yakalandıkça katlanır. Zamanda geri gidemeyeceğimiz için bu bilgiyi eğer şimdi öğrenmişsek uygulamak zor değildir. Üstelik zamanda geçmişe gitmekten daha zor olanı, sonsuz sayıda ihtimallerden hangisini seçecek oluşumuzdur. Kâinatın doğal bir düzeni var. Her şey olması gerektiği gibidir. Nedenini bilmesek de bu böyledir. Fırsatlar düzeni bozmaz sadece seyrini değiştirebilir.

Temiz kelimelerin yükseldiğini ve insanı da yükselttiğini daha önceki bölümde bahsetmiştim. Aslında insan kelimelerle yükselmiyor. Derinleşiyor. Harflerin yükseltici özelliği aslen derinlere doğru yolculuk ettirir. İlerleyiş derinleşerek oluşuyor.

O derinlikte vurgun yemek de an meselesi. Ya da derinlik sarhoşluğuna kapılmak da mümkün. Çoğu yolcu, Harflerin yükselen ve derinleştiren deryasında kayboldu. Çünkü fazla gidemeyeceklerini anlayamadı, tekrarlamak durumunda kaldı. Ağırlıklar insana hep yüklenir, kaldırıp onu taşıyıncaya kadar. Hafiflemek, ağırlık gibi bir zandır. Yükseldiğini düşünmek de öyle. Biraz karmaşık gibi görünür ama sezgiler yardımıyla her cümlenin anlamı çözülür. Bilinçaltı deposuna kayıt olan her cümle gün gelir gün ışığına çıkma ihtiyacı duyar ve insanı daha kapsamlı bir anlayışa sevk eder.

Şaşırtıcı olacak durumlar belki normal şeylerdir. Fakat çok uzun zamandır felaketlerle tıpkı bir hamur gibi yoğruluyor insanlık. Çok üst üste yaşanıyor oluşu da duygusal bedenlerde büyük tahribatlar yaratıyor. Bu tahribatların iyileşmesi ve şifa bulması, Harflerin fonksiyonlarında. Yeter ki Orijin Harfleri vücuda getirebilen bir zihin yaratabilelim.

Her kargaşa bir düzenin habercisidir. Lakin her düzen kurulduğu anda da, kaosa doğru bir ilk adım atılmış olur. İnsan nefsi dur durak bilmez. Ehlileşene değin inanılmaz entrikalar ve stratejik plânlar peşindedir. Ve bu hiç son bulmaz. İnsanlık, sıra dışı/olağandışı uyum sağlama becerisi ile hayatta kalmaya zorlanabilir. Orijin Harfler, Kesik Harfler hem ruha hem bedene şifadır. Yeter ki değer ve anlam yüklü olsun ki kıymetlensin.

Harflerin Öğretisi

Harflerin ilmine, bilgeliğine ve öğretisine ulaşabilmek türlü çalışmalar gerektirebilir. Fakat en önemlisi **Kendini Bil**mesidir. Kendinden haberdar olabilmek ve kendini tanımak, yaşamdan ayrı düşünülemez. Bu bir öğrenme metodudur ve bir *yaşam biçimi*dir. Bu öğrenme metodunu yaşamın içerisine yayarak uygulama alanına koyabilir. Bir kaç yılı alabilir ya da on yılları. Fakat en doğrusu bir ömürlüktür.

Bir insanın şeklinde olmak ayrı şey, insan olmak ayrı şeydir. *Kusursuz bir tasarıma sahip* beden kelimesini, insan sıfatı olarak üzerine almak, bedeni insan yapmaya yeterli olmayabilir. Bugün dünyada bir bedenden doğup da insan olmayan, *tasarım harikası olan bedenler* de yaşamaktadır. İnsan olma yolu uzundur. Meşakkatlidir. Onu yüreklendirmek gerekir. Bu yüreklendirmeleri yapacak, yol gösterecek, yüksek enerjiye sahip, Kesik Harflerin yaratıcı kuvvelerini kullanabilecek Resuller gereklidir. Bilim adamları, öğretmenler, sanatçılar, sporcular, felsefeciler, tarihçiler, zanaatkârlar, başkanlar, muhtarlar gereklidir. Bedenin sürekli acılarla yoğrulmasının nedeni, insanî erdemlere özlem duymayı henüz bilmemesidir. Bilmediği sürece de, Kesik Harflerin ve Orijin Harflerin yüksek seviyeli yaratıcı etkilerinden uzak olacaktır.

Kaleme aldığım kitaplarda daima insan olmanın *erdemleri* üzerinde durdum. İnsan sıfatının yüksek enerjiler içerdiğini belirttim. İnsan olmak, içindeki özüne ulaşmak ve o öz değerlerde yücelikleri nasıl taşıdıklarını fark etmek ile mümkün. Bunu yapabilmenin tek yolu da, yine insanın kendinde olduğunu, düşük enerjilere sahip yol gösterenlere biad etmemeleri gerektiğini aktardım.

İnsan yüce bir değerdir ve gerçek güzelliği de kendi içinde durur. Bunun açığa çıkarılması gerekir. Peki bu arayışa kaç kişi meyletmiştir ya da bunu bir yaşam biçimi haline getirebilmiştir. Sorgulanması gereken cümlelerdir bunlar. Her şey vazgeçilebilir olmalıdır. Vazgeçin denmiyor, *vazgeçilebilir* olmalı. **Sin** Harfinde ve **Ayn** Harfinde olduğu gibi, her zerre ile insan varlığı arasında yay uzunlukları ve mesafeler çok iyi korunmalı ve muhafaza edilmelidir.

Her birimizin değerleri var. İşte değerlendirdiğimiz ve bizim algılarımızda olan ve günlük yaşamımızı buna göre düzenlediğimiz değerlerdir onlar. İnançlar ve korkular da buna dâhildir. Bunların etrafında dönüp duruyoruz. Bu değerleri terk etmek, ya da aradaki mesafeyi korumak gerek. İşte insanın insan sıfatına erişmesi, ancak kendini bilmek ile olabilir. Bunu da yine kendi yapacaktır. Bir diğerine, başkalarına ve elâleme gerek yoktur.

Herkesin kendi varlığını tanımaya hakkı var. Fakat kendini tanımadan önce yapması gereken ilk şey, kendini bulmasıdır. Kitaplar, kurslar, eğitimler insanın kendini tanımasında çeşitli yöntemler sunar. Fakat çoğu kez tutarlı ve etkili bir yöntem veremez. Çoğu zaman yüzeysel bilgiler içeren yöntemlerdir bunlar. Ritüeller, meditasyonlar kısa bir çalışma sürecidir. Bu çalışmalarda izlenen yol, kişinin genel karakteri üzerinden, o anki tepkileriyle yürütülür. Bu doğru fakat eksik bir yöntemdir. Kişinin kendini bulmadan, tanıması imkansız. İnsan önce kendi ile karşılaşmalı. Kendi ile karşılaşmadan, kendini tanıyamaz. Bu karşılaşmanın nasıl olabileceğini adım adım irdelemek gerekir.

Kişi kendini hangi zaman diliminde unuttu ise, terk etti ise, kaybetti ise, aramaya oradan başlamalıdır. Peki bu nasıl olmuştur? Kişi kendini nerede terk eder, nerede unutur ya da nerede kaybeder? Bu sorunun en doğru cevabını aramak gerekir.

Daha evvelki konumuzda başkaları ve elâlem kelimelerini yeteri kadar irdelemiş ve örnekler vermiştim. Bu kelime kavramı, bu konu içerisinde de karşımıza çıkmaktadır. Kişi, başkaları odaklı, başkaları *için* yaşamaya başladığı zaman, genelde kendini unutur ya da terk eder. Başkaları kavramına herkes girebilir: Eş, dost, arkadaş, akraba, anne, baba, çocuklar ve kısaca kendimiz dışında herkes. Başkaları kavramı kişinin hayatına hangi zaman diliminde girdiyse, kendini de o zaman diliminde yavaş yavaş terk etmeye başlar ve kendi varlığını unutur. Daha açık bir anlatımla şöyle tanımlayabiliriz:

Kendi odağınızda, merkezinizde kim ya da kimler var?

Eş, dost, akraba, anne, baba, çocuk kelime anlamlarını başkaları olarak biçimlendirdiğimizde, insana sorumsuzluk getirmez. Tam aksine bu kavramlar, insana büyük sorumluluk yükler. Her insan doğası gereği aile kurma, sosyal ilişkiler edinme gibi iletişim yollarından uzak bir yaşam süremez. Fakat bu sosyal iletişimde kendi *öz varlığı* ile irtibatı ne durumdadır? Kendinden ne kadar haberdardır? Kendini kime ya da kimlere adayarak kendini unutmuş ve kendini terk etmiştir? İşte bu çok önemlidir.

Çok eski bir gelenektir, *başkalarına adanmış bir hayat sürmek*. Bu bize henüz çocukluk yıllarımızda öğretilmeye başlar. Bu öğreti doğru fakat eksik bir yöntemdir. Kişi kendini tanımadan başkalarına adanamaz. Kendini başkalarına adamak için, önce kendini tanımalıdır. Bunun aksine bir yöntem içerisinde olursa, kendini zamanla unutur ve sonunda terk eder.

Başkaları için yaşamak bir felsefedir. Hatta ve hatta fedakârlık boyutunda bir felsefedir. Ancak *kendini tanıyan kişilerin yapabileceği* erdemli bir adanmışlıktır. Kendini tanıyan kişiler için doğru bir yöntemdir. Henüz kendini tanımadan, fedakârlık boyutunda bir adanmışlık, kişiye enerji kaybettirir ve mutsuz eder. Bu içsel mutsuzluk bir radyo vericisi gibi sürekli yayın yapar. Kişi bu yayını, tam olarak duyamaz. Fakat her dakika ruhunun kapısını çalan bu etkiyi de, iç sıkıntısı, içsel daralma, yüreğinin buruklığı, pişmanlık şeklinde yorumlar. Bu yorumlar genelde şöyle olur:

Yaşamın ona zevk vermediğini, hayattan tad alamadığını, dünyanın karanlık bir yer olduğunu, kaderinin böyle gelmiş böyle gittiğini, şansın ona hiç gülmediğini, feleğin ona küstüğünü düşünür. Bu düşünceler arızî ve geçicidir. Bu durumu tersine çevirmek her an mümkündür. Fakat kendini henüz tanıyamadan, başkaları için fedakârlık denizinde boğulduğundan dolayı bir türlü kıyıya çıkamaz. Her çırpınışında daha çok dibe batar ve kendinden daha fazla uzaklaşır. Kıyıda özlemle bekleyen kendine ulaşamaz.

Toplumda çok yaygın kullanılan bir söz vardır "Kul Hakkı". Kişinin kendini tanıyamamasına en etkili öğreti sözlerden biridir. **Kul Hakkı** öğretisi, kadim zamanlarda doğru kullanımdaydı. Zamanla bu kelime anlam bozukluğuna uğradı. Kul hakkı, başkalarının kulluğunun hakkı değil, bizzat insanın kendi kulluğuna olan bir haktır. Kul Hakkı, kişinin kendine olan kul hakkıdır.

İnsanın kendini tanıyamaması, kendini unutarak yalnızlığa terk etmesi, onun kul hakkına girer. Kişinin kendi kulluğunun hakkına.

Kısaca, Kul Hakkı insanın kendinedir. Başkalarının kulluğuna değil. Zaten yeterince fedakârlık yapan, kendini sevdiklerine adayan, kendi hayatını *başkaları* odaklı yaşayan kişinin, başkalarıyla nasıl bir Kul Hakkı olabilir ki?

Kişinin, kendini tanımadan başkalarına uzattığı her el, kişinin enerjisini azaltır, yorar ve yaşlandırır. Hatta birçoğunu hasta eder.

Kendini yeterince tanıyan, kendiyle barışık kişinin kendi dışındaki herkese uzattığı el, gücüne güç katar, huzurlu kılar ve kişiyi mutlu eder.

Kişi kendini tanıyamadan kendini unuttu ve terk etti. Mutsuzluk ve huzursuzluklar içinde çırpınıyor. Kendini bulmayı akıl etti ya da böyle bir bilginin varlığından haberdar oldu. Kendini aramaya ve bulmaya karar verdi. Nasıl bulacak?

Önce bu soruyu kime sorduğu önemlidir. Başkalarına değil. Hatta kimseye değil. Bu sorunun cevabı ancak ve ancak yine kendindedir. Ve bu soruyu *kendine* sormalıdır.

Kişi kendini nerede unutmuştur? Sorusunun en doğru cevabını kişi *kendi* verir.

Bunu kimse bizim adımıza yapamaz. Hiçbir kitap da bu soruyu cevaplayamaz.

Bu soruyu sormak için, herhangi bir ritüele, yalnızlığa, sessizliğe ihtiyaç da olmayabilir. Bu şartları hazırlayana kadar kişi sürekli kendini bulma yönteminde mücadelesini *erteler*.

Yalnız kalmayı bekler, işlerini bitirmeyi bekler. Emekli olmayı ve sessiz bir köye yerleşmeyi amaçlar. Çocuklarını büyütüp kendinle baş başa kalma hayalini yaşar. Mumlar yakmayı ister. Sessiz bir ortam arar. Ağaçlar olsun, hatta ormanda olsun ister. Bu süre zarfında da hiçbir zaman gerekli çalışmayı yapamaz ve sürekli erteler.

Dünya, koşuşturma ve kalabalıklar yeridir. O kalabalıklar arasında da kendi içine dönüp, kendini tahlil edebilir. Hareket bitmez, kalabalıklar azalmaz. O hengâme içerisindeyken kendini hatırlamalıdır. Ertelemeden, geciktirmeden, ötelemeden, yarına bırakmadan. Kendini hangi zaman diliminde bulacağı, kişinin kendine bağlı. Bu sadece bir yöntem.

Hangi zaman diliminde kendisini terk etti:

Kardeşi doğduğu zaman mı?

Evladı dünyaya geldiği zaman mı?

Bir akrabasına bakmak durumunda kaldığı zaman mı?

Evlendiği zaman mı?

Anne ya da babasını kaybedip evin sorumluluğunu yüklendiği zaman mı?

Bu sorularla tahlil daha kolay olabilir. Kendini Bulma yolu zorlu bir yoldur. Bir Yöntemdir. Kişi kendini nerede bıraktı ise *orada* bulacaktır.

Kendini arayan ve bulan kişi, kendi ile karşılaşan kişidir. Kendi ile karşılaşan kişi, kendi ile yüzleşecek olan kişidir. Bu yolun ne kadar zor olduğunu belirteyim. Kolay değil bu yöntem. Kendini tanıma yolu öyle kolayından olabilecek bir durum değil. Önce kendini unuttuğunu ve terk ettiğini öğreniyorsun. Kendini arama yoluna giriyorsun. Kendini unuttuğun zaman diliminde buluyorsun.

HARFLERİN ÖĞRETİSİ

Kendini *bulma*, kendi ile *karşılaşma* demektir. Yüz yüzü gelmek. Bu durum, yeryüzünde olabilecek fiziksel bir durum değil. Ancak manen ve içsel olabilecek bir durumdur.

Unuttuğumuz, terk ettiğimiz, yalnızlığa bıraktığımız kendimiz ile karşılaştık. Muhtemelen küçük bir çocuk buldunuz karşınızda. Kişi kendini, çoğunlukla çocukluk zamanlarında terk ederler ve kendinden habersiz büyürler.

İnsan, yaşamı boyunca, muazzam bir duygusallık ve alınganlık boyutundadır. Kırılgan ve hassastır. Kendini *bilinçsizce* feda etmiştir. Fakat bu fedaları hiç kıymet bilinmemiştir. Bu da onu hassas, kırılgan, alıngan, küsen biri yapar. Şüpheci ve kararsızlık boyutu bir cehennem gibidir. Bunun tek bir nedeni var:

Kendini Terk etmiş olmak.

Kendini terk etmiş olmanın verdiği bir azaptır bu. Bilinçaltından sızım sızım dışarı sızar, kendini belli etmeye çabalar. Ama bir türlü anlatamaz derdini. Ve insan bu durumu bilmeden, uzun bir ömür yaşar. Ve kendi ile karşılaşmayı, öldükten sonraya bırakmış olur. Kadim öğretiler, kendini tanı derken, aslında, *bu işi öldükten sonraya bırakma, henüz nefes alırken hallet demek* isterler.

Kişinin bu karmaşadan ve anlamsız duygusal hezeyanlarından azad olmasının tek yolu: Kendi ile Karşılaşması ve kendi ile yüzleşmesidir.

Kişi kendi ile karşılaştığında neler olur?

Elbette ki, kendinin kendine söyleyeceği sözler ve edeceği sitemler var. Kendini bulan kişi ateşten gömleği sırtına giyer. Bu da işin vicdanî boyutu. Kolay olmadığını belirtmiştim.

İnsan yaşamı boyunca kendini aff eder. Bu doğru ama eksik bir yöntemdir.

İnsanı ancak, terk ettiği *kendi* affedebilir.

Kısaca, karşılaştığınız kendinizden aff bekleyeceksiniz. Bu uzun bir zaman alacak. Çünkü terk edilmiş, unutulmuş, yalnızlığa bırakılmış bir kendiniz var karşınızda.

Onu ikna etmek, gönlünü almak, affetmesini beklemek uzun ve meşakkatli bir yol. Burada çok önemli bir soru ortaya çıkar: Kendim, Kendimi affettiğinde ne olacak? Zaten bu, en büyük mucize. Daha başka mucizeler aramaya gerek bile yoktur.

Karşılaştığın *kendini* dinlemeye hazırsan, başlıyorsun demektir.

Sana neler anlatacak, ne sitemlerde bulunacak. Çünkü onu terk ettin ve hatta unuttun.

Vicdan azabı ile yüzleşme vakti. Kişi, terk ettiği kendinin gönlünü almadan da *kul hakkını* yerine getiremez.

Kişi istediği kadar kendini affetsin, başkalarını affetsin, Yücelikten defalarca aff dilesin. Kendisinin terk ettiği *kendisi* onu affetmeden, bu düğüm çözülmüyor. Gerçek huzura kavuşamıyor.

Kendini arayan ve bulan kişi, kendi ile karşılaşan kişidir. Terk ettiği, unuttuğu ve sonra aklına gelip de arayıp bulduğu, karşılaştığı kendisi ile yüzleşme vakti uzun bir yoldur. Birkaç meditatif seansla, birkaç çalışmayla kolayca olabilecek bir yöntem değil. Tüm servetini bağışlasa, bu içsel çalışmayı kimse onun adına çözümleyemez. Hiç kimse bu yolu kısaltamaz. Hiç kimse bunun zamanını hızlandıramaz. Hiç kimse!

Kişinin yaşamındaki en büyük erdemi, tüm meşgalesi, bütün çabası, arayıp bulduğu kendi ile yüzleşmek olmalıdır. Sabırla, sakin ve dingin bir halde bunu yapabilir. Üstelik dünyevî işlerini aksatmadan.

HARFLERİN ÖĞRETİSİ

Fiziksel ihtiyaçlar, duygusal ihtiyaçlar, günlük hengâme, koşuşturma, azalmayan kalabalıklar, toplantılar, vergi daireleri, bankalar, market alışverişleri, çocuğu okuldan almalar, evin ihtiyaçlarını karşılamalar, işyerinde çalışmalar rutin olarak yerine getirilir. Fakat bir yandan da içsel dünyasında, kendin ile yüzleşme devam eder. Kişi hem dış dünya ile hem iç dünyası ile iletişim halinde ve **Ayn** harfinde olduğu gibi gözlemci durumundadır.

Çok fazla sorular, ardı arkası kesilmeden gelmeye başlar. Bir kendim var, bir de karşılaştığım kendim. Yani, ortada iki farklı ben oluştu. O halde gerçek ben kim? Bu soruyu sorabilmek ve bu aşamaya kadar bile gelebilmek, muazzam bir mucizedir aslında.

Bu soruyu sormak ne işe yarıyor?

Yavaş yavaş sakinleşir insan. Atarlı ve saldırgan hareketleri daha erdemli hale gelir. Rüyalar değişmeye başlar. Her an biraz daha huzura yaklaşmış olur. En önemlisi de soruları değişim gösterir. Kaliteli ve kavrayışa yönelik, enerji veren sorular. Kafa karıştırıcı, cevabı bir türlü bulunamayan ve bunaltan sorular değil. Kaliteli soruları sormak kişiye büyük bir *deneyim* kazandırır. Yaşama karşı duruşu, **Elif** harfinde olduğu gibi, daha erdemli bir boyut alır. Daha fazla sabır göstermeye başlar.

Kendi ve başkaları ile iletişiminde kısa, net ve öz cümleler kurmaya başlar.

Kendini biraz dinlenmiş hisseder. Yoğunluk ve yorgunluk azalır. Bunları fark ettikçe dinamiği ve canlılığı tazelenir. Kendi ile karşılaşmak ve kendi ile yüzleşmek insana çok fazla değer katar. Vicdanının rahatladığını hisseder. Ve çok önemli bir şeyin daha farkına varır.

Terkedildiği andan sonra yalnız kalan kendi, epey güçlenmiş aslında. İşte kişinin kendini tanımaya başlamasının sinyalidir bu. Kişi kendini tanıdıkça kendi ile tanışmaya başlar. Ve Onun ne kadar da güçlü olduğunu kavrar. Hatta öyle ki, kendinin bu güçlü olan tarafı evren ile irtibat kurup, tüm soruların cevabını verebilecek kıvama gelmiş. Bu tanışma durumu ilerledikçe kişi şaşkınlıktan hayretlere düşer.

Peki bulduğu *kendinin* gücünü anlayıp da büyüklüğünü idrak ettiği anda neler olur? Buraya kadar gelen her kişi, o bulduğu kendi olan güçlü tarafına, genelde bir **isim** verir.

Dünyada, koşturan, başkaları için kendini parçalayan, feda eden, tüm işleri yapan kendi ile, terk edip bulduğu kendi arasındaki uçurumu anlayan, **Kaf** Harfinde olduğu gibi bu eşsiz gücü kavrar. Bu bir kavrayıştır. İşte o kavrayışa genelde bir *isim* verilir. Bu kişiye özeldir. Kişi ile kendi arasında özel bir sırdır. Bunu ister ifşa edip, herkese beyan eder, paylaşır. İsterse bir ömür boyu sır gibi saklar. Bu aydınlanmanın denenmiş yoludur. Bu anı yakalayabilmek, buraya kadar gelebilmek büyük bir çaba ister.

Genelde kendini tanıma öğretisinde yola çıkan fakat yarı yolda terk eden nice insanlar olmuştur. Çünkü ateşten gömleği sırtına geçirmek kolay değil, kendi ile yüzleşmek ise hiç kolay değildir.

Kendi güçlü tarafı ile karşılaşan, onunla tanışan kişi, mucizelere de şahitlik etmeye başlayacaktır. Fakat bu mucizeler, öyle gökten meleklerin indiğini görmek, bir sabah uyandığında cennette olduğunu anlamak, Yüceler diyarına ermek, para içinde yüzmek, tüm dünyadaki insanlarla kaynaşmak türünden hurafeler değildir.

İçsel yolculuk, insana hayal göstermez. Gerçekleri acımasızca yüzüne vurur. Mucizelere şahitlik etmek demek, daha dingin, daha huzurlu, anlayışı ve kavrayışı gelişmeye başlamış bir *insan* demektir. Zaten gerçek mucize de budur. Başka bir şey

HARFLERİN ÖĞRETİSİ

değildir. Aksi durum, daha ötesini vaad edenler tarafından kandırılmış olmak demektir.

Gerçek mucize şudur ki, kendi ile tanışan kişi, sorularına *yanıt* almaya başlayan kişidir. En mucizevî an, sorularına *yanıt* aldığı andır. Bu soru yanıt sistemi öyle günlük iletişimde kullandığımız bir konuşma şeklinde değil, **Sad** harfinde olduğu gibi hoş bir Sada içerir. İçsel yakarışa gelen bir yankıdır bu yanıtlar. İşte bu yanıtlar, kendi ve kâinat ile ilgi tüm bilmek isteyecekleri hakkında, **Kef** harfinde olduğu gibi yeterli ve kâfidir. İşte bu iletişim sistemi **Nun** harfinde olduğu gibi, benzersiz bir oluşumdur.

Buraya kadar, neredeyse kolaylıkla anlattığımız kavram, biraz ciddileşebilir. Çünkü bu yolun kavramları hem eğlenceli, hem de iç dünyanızdaki derin kuyuda sondaj etkisi yapar.

İnsanlar kendi gerçeğini, yaklaşık kırk yaşlarına ulaştığında hissetmeye başlar. Bu **Mim** harfinde olduğu gibi, bir olgunlaşma zamanıdır. Bu durumu erken de yaşayabilir, daha geç de. Ama genelde yaş ortalama kırktır. Buraya kadar yaşadığı evre, **Ha** harfinde olduğu gibi bir muhittir ve bu muhitten bir sıçrayış gerçekleştirmek üzeredir. Bir önceki evrede güneşi batacak, yeni evrede güneşi parlayacaktır.

Tıpkı **He** harfinde olduğu gibi, döngüyü tamamlamış ve ucu açık noktadan yeni oluşumlara sıçrayışı gerçekleştirmek üzeredir. **Ye** harfinde olduğu gibi dolambaçlı yollar bitmiş, **Elif** harfinde olduğu gibi kişi düzlüğe çıkmıştır. Önce derinleşme sonra yükselme zamanıdır. Sonra tekrar derinleşme ve ardından yükselme iniş çıkışları, **Lam** harfinde olduğu gibi, yaşamı boyunca süreklilik kazanacaktır. Ve bu bir dalgalanma yaratacaktır, **Mim** harfinde olduğu gibi.

Bir ben var, bir de benden içeride bir yerlerde bir ben demeye başladığı anda, alacakaranlık dünyası biraz daha kararmaya başlar. Çünkü dış dünyası *alacakaranlıktı* kabul edebiliriz. Ama iç dünya daha da karanlıktır. Zifir gibi. Hatta göz gözü görmez. Üstelik, dehliz gibi uçsuz bucaksız. Git git bitmez, yürü yürü sonu gelmez. Düşer de varamaz, vardığı yer neresi bilemez. Çünkü çok karanlıktır göremez.

Neden Karanlıktır. Çünkü bugüne kadar edindiği bilgiler, kişinin iç dünyasını aydınlatmaya yetmez. Yetmeyecektir. Manevî olarak çareyi yazılarda, sohbetlerde, insanlarda aramak bir yardım çığlığı gibidir. İnsanın iç dünyası, anlatmakla ve dinlemekle aydınlanmaz. Yeni bilgilere ihtiyaç duyulur. Fakat bu bilgileri kimse insana veremedi, veremez de. İş kendinde bitecek, bunu geç olmadan anlayabilmeli.

İç dünyan öyle bir yer ki: Para uzatsan almaz. Rüşvet teklif etsen anlamaz. Yiyecek sunsan istemez. Dünyadaki tüm öğretileri boca etsen olmaz. Malını mülkünü bağışlasan geçit vermez. İç dünya böyle bir şey. Hiçbir maddiyatı kabul etmez. Karun kadar zengin olsan, firavun yetkilerin de olsa: *İnsanın iç dünyası bir türlü aydınlanmaz.*

Unutmayalım ki, aydınlanmanın denenmiş yolunda herkes eşittir. Sıfatların, yüksek mevkilerin, fakirliğin, dünyasal zenginliğin, mal mülk sahibi olmanın, çok iyi bir insan olmanın, çok kibirli biri olmanın bir faydası yoktur. Dünya için gerekli olan tüm şartlar, iç dünyada birer hiçtir. Tüm ücretler iç dünyanın karanlığını aydınlatmaya yetmeyecektir.

O karanlık nasıl aydınlanabilir?

Bir yolu var mıdır? Varsa da yolu nasıl bulunur?

Bunun için nasıl bilgilere ihtiyaç vardır?

İşte tüm bu soruların cevabını kişiye, ancak güçlü tarafı olan *kendisi* verebilir.!

Arayıp da bulduğu, karşılaştığı, yüzleştiği ve tanıştığı *kendisi*. Hakikatte gerçekten o bulduğu kendi ise, tüm cevaplar onda mevcuttur.

İnsan, hakiki kendi ile karşılaşana kadar birçok kimlikle karşılaşır ve her seferinde *işte bu aradığım kendim* der. Dolayısıyla ortaya bir sürü ben kimlikleri çıkar. Her birinin oyalamaca olduğunu fark edebilirse bu çok iyi bir farkındalıktır. Çünkü bu farkındalık ona öz *farkındalık* kapısını aralar.

Bulduğu tüm kimliklerden arınana kadar bu devam edecektir.

İnsan Hakikatte gerçek Kendi ile karşılaştığını nasıl anlar?

Sorduğu sorulara en erdemli cevapları aldığı anda. Ve o cevaplar kişinin iç dünya yolculuğunda, *yolunu aydınlatacak* olan cevaplardır.

Tekrar önemle vurgulamalıyım ki, cevaplar kişinin iç dünyasını *aydınlatmayacak*. Ancak yolunu *aydınlatacaktır*. İç dünyanın aydınlanması, öyle kolay olabilecek bir şey değil. Kişinin iç dünyasının aydınlanabilmesi için, *yolunu aydınlatacak* cevaplara ihtiyacı var. Cevapları da ancak güçlü olan kendi verebilir.

O cevaplar öyledir ki, mucizenin **Ta** kendisidir.

Bu cevapları, geniş görüşe sahip olanlar ancak hissederler, çünkü bunun için bu gezegene geldiler. Harflerin, madde ve manada inişi her an sürmekte. İnsan, kendi zihnini bir süre susturabilseydi, o gelen cevabî hislerin, kendilerine çok şeyler söylediklerini anlayabilirlerdi. Fakat insanoğlu o kadar meşgul ve çok önemli bir iş yaptığını düşündüğünden dolayı, bu hissiyatları duyamamakta. Duyanlar ise, mekân ve zaman değişiminden dolayı bir evrim geçirdikleri içindir. Ve sorularının cevaplarına ulaşabilirler. Ruhumuzu teskin edecek, bizi memnun edecek cevaplara ulaşmak böylesine zorludur. Titreşimimizin Hakiki kendimize ulaşması gerekebilir. Bu bir kapının açılması gibidir. Bu kapı nasıl açılır? Sorulmamış bir soru demek, üretil-memiş cevap demektir.

Burada minik bir parantez açıp şunu belirtmeliyim: Soru sormanın ne kadar önemli olduğunu vurgulamaya çalıştığımın farkındasınızdır. Çünkü insanı, elalemin veya diğer insanların ne kadar yücelttiği, onayladığı, iltifatlar ettiği, tüylerini parlat-tığı, desteklediği ve bu diğer kişilerin sayısının bir önemi olma-dığı konusunun altını çizmek istiyorum. Bu tip sayı yükselişle-rine takılmamak gerek. Bu ve benzeri geçici *yükseltmeler* insana bir adım attırmaz. Önemli olan insanın kendi hakikatine ulaş-mada, kendi özüne sorduğu nitelikli sorulardır. İşte bu kişinin kendine olan **ölçü taşıdır**.

İşte insan o vakit, yolunu aydınlatan cevaplara ulaştığında kendi ile barışmaya başlar.

İnsanın kendi ile barışması öyle çok kolay değildir. Hatta çok zordur. Onlarca yıl sürebilir. Birkaç saatlik kurslarla, öğ-retilerle, birkaç kitap okumakla, birkaç meditasyon yapmakla olacak iş değildir. Bu ritüeller belki yüzeysel bilgiler verebilir, insanın tüylerini parlatabilir, ruhunu zenginleştirip iltifatlarla gününün neşeli geçmesini sağlayabilir. Fakat iç dünyaya yolcu-luğunda yeterli gücü ve kuvveyi sağlayamaz.

İç dünya yolculuğunda herkes kendi ile baş başadır. Ve tüm bilgi kaynağını, *bilge olan kendi* sağlayabilir. Kişinin tükenmek bilmez bir bilgi kaynağı olan *bilge* tarafı, yüksek bilinçten aldığı Orijin Harfleri, Kesik Harflere dönüştürerek, soruyu soran ki-şiye aktaracaktır. Çünkü *yüksek bilinçte yaşanmış, belli olgunluğa erişmiş bilgiler* mevcuttur. Bunlar, *yararı olan sindirilmiş bilgi-ler*dir. Ve bu bilgilere ancak insanın *bilge tarafı* ulaşabilir.

Yaşanmamış bilgiler kitabîdir. Kullanılmış kelime arşivinden ödünç olarak alınmış ve birkaç saatliğine aktarılmıştır.

HARFLERİN ÖĞRETİSİ

Hakiki cevaplara ulaşabilmesi için, insanın kendi ile barışması gerekir. Çünkü kişinin bilge olan kendisi derhal cevapları aktarmaz. Barışma *sinyallerini* almaya başladığında, gerçek huzura yaklaşmış demektir.

Buraya kadar okuduklarınız, kişinin önce *sayısız benlerini* fark etmesi ve sonunda *gerçek beni* ile *karşılaşması, tanışması* ve *barışması* içindi.

Kendi Hakikatine Kavuşan kişi için, kadim öğretilerin güzel bir ifadesi vardır: *Dağlara Yürü Der ve Dağlar Yürür!*

Kendini Bilen kişi, dağları yürütecek manevî kudrete erişmiş kişidir. Ve bu kudrete erişen kişinin, artık herhangi bir yönteme ihtiyacı kalmamıştır. Bundan sonra, Hakikati ile baş başadır. O Hakikat, gerçek ilmi, gerçek irfanı bahşedecek olan ve terbiye edecek olan sistemin uzantısı olan **Ra** Harfinde olduğu gibi, Öz Hakikatidir. Kendini bilen, ruhsal kaynağını ve özünü de bilir. İnsan olmanın hâl sanatına erer.

Yolun bundan sonrası *mahremiyete* girer.

Kişinin kendini tanıma çalışmasında *mahremiyet* çok önemlidir. Bu bir sırdır. *Kendi* ile *Hakikati* arasında, içsel bir çalışmadır. Her insanın çalışma şekli *karakteristik* bir özellik taşır. Bir insanın içsel çalışması ile diğer başka bir insanın içsel çalışmaları birbirine benzemez. Bu içsel çalışma yöntemi her insanın **parmak izi** gibi *şahsına* özeldir. Gizlilik içerir.

Bu içsel çalışmanın oluşması bir *nedene* bağlıdır. Ve bu *nedeni* de insan *kendi* oluşturmalıdır. O *neden*dir ki, büyük bir yalnızlıktır. Tıpkı **Nun** harfinde olduğu gibi, dünya denilen gezegenin toprağında oturursun ve gökyüzünde senin yıldızın parlar. O yıldıza ulaşmak için de, **Ba** harfinin noktasına doğru derinleşerek ancak **Nun** harfinin yıldızına yükselebilirsin. Bu da *yalnızlığı* gerektirir. Fakat bu yalnızlık öyledir ki, içinde bütün âlemler *gizlidir*. Ve **Ra** harfinin bize bahşettiği gibi, insanın kendi öz Hakikati de o *gizlilerin* arasından, *dünyada kusursuz bir tasarım ile vücuda getirdiği bedenine* göz kırpar.

Hiç bir şey *nedensiz* vücuda gelmez. Buna Orijin Harfler, Kesik Harfler, Keskin Harfler de dâhildir. Göksel ya da yersel bilgiler, zaman gelir yaşanmamış olduğu için özelliğini kaybeder ve geldiği kaynağa geri döner. Bunun nedeni çok açık: Bilgi bünyelere nüfuz edememiş ve kişilerin enerji alanlarına, yaşam plânlarına girememiştir. Genel itibari ile insanlar satın aldıkları eşyalara, verdikleri para değerinde ilgi ve alâka gösterirler. Bu matematiksel ve *aded* olarak bir ölçüdür. Değer yargıları madde üzerine kurulu olanlar içindir bu sayısal değer. Fakat manaya ve anlama ait değerin ölçüsü nedir? Göksel ve yersel bilgileri hangi tartıda tartabiliriz?

Burada çok önemli bir hususu daha aktarmak istiyorum:

Yücelik hakkında vardığımız her düşünce ve kavram, her yaptığımız yorum ve tanım, zahiri de olsa kendi iç dünyamızın tanımıdır. Bu yüzden Yücelik hakkında tanımlarımız, kendimizi tanımamız açısından çok önemli bir yoldur. Bu tanımlar değiştikçe, biz de *değişiriz* gerçeğini kabullenebiliriz.

Kendini bilen kişi, *kendine rehber olan* Rabbini de bilir. *Bu bilgi,* kadim zamanlardan beri bir öğreti halini almış olan, *son* aşamadır. Fakat *ilk* aşama hep göz ardı edilir.

İlk aşama, rehberi olan Rabbi hakkındaki tüm tanımları, aslında kendini tanımlamasıdır. İşte bu tanımları fark ederek, not ederek, farkına vararak, kendini tanımaya başlayabilir. Kısaca yola, önce kendini *gözeten* sistem hakkındaki düşüncelerini not ederek, çıkmalıdır. O notlar birer elmas niteliğindedir. Çünkü Yücelik hakkındaki tüm yorumlarında *kendini* tarif ediyor olacaktır. Notlar almak işine basit bakılmamalı. Her cümlemiz, her yorumumuz, bizim bilinçaltından gelen sinyallerdir. Yazdıklarımızı iyi tahlil edebilirsek, bilinçaltımız ile ilgili bilgiler de edinmiş oluruz. Her yorum insanın kendi ruh dünyasını ve kendisini tarif eder. Aslında deyim yerindeyse, yorumlarımız ve notlarımız, kendimize yazdığımız birer mektup.

Yüce kavramlara bakış açımız nasıl?

Nasıl yorumluyoruz?

Nasıl tanımlıyoruz?

Yüceliği tanımlarken vardığımız sonuç nasıl?

Korkutan mı, yoksa ceza veren mi?

Ateşlerde yakan mı yoksa merhamet ve sevgi dolu mu?

Tüm tanımlar aslında *kendi iç dünyamızı* tanımlayışımızdır. Bunları bir kenara not edip, kendimiz hakkında çok derin ve bilinçaltı bilgilere ulaşmamız mümkün olabilir.

BÂTINÎ KAPILAR HURUF

Sonuç

Hayat ilginç sürprizler hazırlar. Karşılaşmalar, büyük ve erdemli kapıları açacağı düşüncesi bile bir yanılgıdan ibarettir. Bazen plânlar sanıldığının aksine ters işler. İnsan hayatları değerlidir. Tek bir An'ı bile.

Hesapta olmayan durumlar her şeyi alt üst edebilir. Çünkü yaşam lineer(düzlemsel) değil kaotik(karmaşık) işleyen bir mekanizmayla İlahî sisteme tabidir. Ne kadar yüce sistemle irtibatta bile olsa, zihinler maddeye hapsolmuştur. Kurguyu tahayyül edemeyebilir. Neden-Sonuç ilişkisinde, olayların iç yüzünü kavrayamayabilir. İnsan bunları anlamaya, çözümlemeye çalışırken, yaşam her daim yolunu bulur. Sistemin düzeni bozulmaz. Kayıp zamanlar, ona dâhil olanların hanesine yazılır ve bunun enerjisi temizlenene değin olaylar tertip halinde gün ışığına süzülür. Ömür kısa, lakin hayat uzundur.

Hiçbir şey göründüğü gibi değildir denir. Çünkü bakan *ben* ise *gören* kim? Göz bakar beyin görür. Beyin sağlıklı değilse neyi *ihata* edebilir. Görmek bir anlamlandırmadır. Beyinden anlamlandırılanları süzüp kayıt eden, plâna dâhil eden kimdir?

İşte insanoğlunun hesaba katmadığı durum budur. Organize eden insanoğlu da olsa, bir ölümlüdür. Oysa plân Ölümsüzün iki eli arasında ve kudret parmaklarının takdirinde. Çeviri verir. Organizasyon bozulur. İşler umulduğu gibi gitmez sanılır. Çünkü beyinden ihata eden, bilinen Hakikattir. Hakikatin plânı bu şekilde yürürlüğe konulur. Hâkim olan kâinattır. Bedenli değil. Eşleştirmeler ve Anlamlandırmalar sadece Yüceliğin hükmü altındadır.

Fizikte ve İlahî kanunlarda hiçbir şey yerinde sabit ve durağan enerji ile durmaz. Her şey akıp gider, titreşir ve dönüşür. İnsan, hayvan ve bitkiler de buna dâhildir. Hiçbir kuvvet, bu gidişatı durdurmaya güç yettiremez. Bilinmeyenler ile çevrili bir alanda varoluşunu sürdüren insan da, bu evrende ve bu dünyada olduğunun nedenini bilmelidir. Ancak bu şekilde yaşamdan huzur bulabilir. Sorularına içtenlikle cevap alamayan insan nasıl saadeti yakalayacaktır?

Cevapları alacağı mercii, yine *kendi iç* dünyasını aydınlatacak olan *kendi hakikatinden* başkası olmayacaktır. Çünkü bu bilgi ve bilgili cevaplar onun kendi karakterine gizlenmiş ve özgürlüğü de ona bahşedilmiştir. İnsanın, karar mekanizmasını çalıştırabilen bir cevhere sahip olduğu, bu kitabın sayfalarında bahsedilmişti.

İnsanın kendi ile bütünleşmesinden ne anlayabiliriz?

Bu sorunun cevabı şu olur: İnsanın parçalanmış olduğu bilgisini.

Peki bu parçalanma nasıl olmuştur?

SONUÇ

Birçok alanda, birçok meslekte sürekli şöyle bir çağrı işitilir: Bütünleşin, Birleşin, Kaynaşın.

Bu bize tek bir şey gösterir. Parçalanmış olduğumuzu.

Parçalanmış olmak, arada sınırların var olduğunu haber verir.

O sınırlardan haberdar olmak, onların *belirlendiği* anlamına gelir. Tanımlanan bu sınırlarla baş etmek her insanın kendi görevi olacaktır. Bu, toplumda ve fizikte geçerlidir. Ruhsal boyutta da durum neredeyse aynıdır. İnsan varlığı yücelerden aşağılara inişte, her kademenin enerji alanına özgü giydiği beden giysisi ile kendini sınırlamış olur. Ve bunun hakikatte bir sayısı yoktur. Sınırlarının, bedenlerinin ve benlerinin farkına vardıkça yükselişi ve hakikatine ulaşması daha mümkün olabilir. Kayıtlar âleminden, kayıtsızlık zamanlarına yolculuk etmek gibidir bu. Bu işin uygulaması da, yine insanın *kendi* kararıdır.

BÂTINÎ KAPILAR HURUF

Son Söz

Kitabın **söz** dizimi, hepsi bir görev yaptı ve yerlerine ulaştı. Öyle umud ediyorum. **Sözün** ne denli kutsal bir görevi ve hizmeti olduğunu yeterince anlatmaya çalıştım. **Sözün** ve **sözlerin** etkili ve etken olabilmesi için, **sözün** gittiği yerin de büyük önemi olduğunu bilmeliyiz. Gittiği yer, ulaştığı kişi ve kişiler öz farkındalıklarında yeterlilerse ve kendilerini bilmeye aday olmuşlarsa bu ziyadesi ile kâfidir.

Âşıklar her zaman kendi yansımalarındaki pırıltılara âşıktırlar. Maşuklar ise bir **sözden** ibaret olmuşlardır. Maşukların **sözleri** bir ok gibi saplanır ve derinlere işler. Çok derinlere. O okun ucunda **sözler** daima hareketi başlatırlar ve devam ettirirler, kalıcı bir etki yaratan. İşte böyledir **sözlerin**, özlere hitap edişi. İnsanların en ince ve hassas noktasında bulunan ve harekete geçirilmesi yine insanın bilâkis kendisi tarafında yapılabilecek bir yere dokunur. İşte **sözlerin** asıl işlevi budur.

Dünya toprağı, suyu ve havası büyük bir değişim içerisinde, sarsıntılarla kendini yeniliyor. Ağaçlar, hayvanlar, toprak, su dönüşümün müjdesini veriyor adeta. İlginç olan insanın bu silkinme ve yenilenme aşamalarında düştüğü **acziyet.** *Acizliğinin yanı sıra bunu bir* **ceza** *olarak yorumlaması da büyük bir ironi. Kendini evrenin merkezinde görmesinden kaynaklı bu düşünce modeli, aynı zamanda yaratıcı fikirler de üretemiyor. Teknolojik gelişmelerin her bir özelliğini birer* **yıkım** *olarak nitelendirenler de var. Oysa ki, teknolojiyi yararına olacak şekilde programlamışken, birden yerle bir etme mekanizması devreye giriyor. Her şey tersine işliyor. Bu da düzensizliğin artışını beraberinde getiriyor. Evet bilimde en çok konu edilen* **Entropi** *yasası, artık gündemimizde olmalı. Düzensizliğin ölçüsü olarak bilinen Entropi Kanunu zihinlerimizde biraz yer etmeli.*

Yapıcılığın ve Yıkımın dengesi bozulduğunda Entropi de haliyle yükseliyor. Kısaca halk arasında bilinen pozitif ve negatif dengeler alt üst olduğunda düzen de bozuluyor.

Üzerinde varlığımızı sürdürmeye çalıştığımız Dünya Planetinde düzensizlik artışı, yıkımın da ibresini tavana vurdurdu. Masumlar kendini feda ediyor bu durumda. Ağaçlar, hayvanlar, çiçekler, böcekler, suya ve ateşe kurban gidiyorlar. Suyla eriyip, ateşle küle dönüyorlar. Kayboluyorlar mı? Elbette Hayır. Her biri atomsal düzeyde dönüşüme uğrayıp tekrar diriliyor. Olan insan denilen canlılara oluyor. Teknolojinin getirdiği gelişimle büyük yıkımlara sebep olan insan, yine aynı teknolojinin getirdiği gelişimle bu yıkımlar karşısında çaresiz kalabiliyor.

Kadim zamanlardan bu yana anlatılan tüm özel olaylardan hiçbir ders çıkaramayan insan zihniyeti, yine büyük bir şok ile karşı karşıya kalmak durumunda olabilir. Bakalım ne ile şoklanıp kendi özümüze döneceğiz. Her birimiz buna hazırlıklı olalım.

İnsan ne ilginç ki, hep kendini günahkâr zanneder. Her yaptığını ölçer biçer ve önceden belirlenmiş mevcut bir günah

SON SÖZ

zincirine bağlar. Kendini günahkâr gören insan, Tanrısal özünü de bu günaha bulaştırır. Böylece hiç yoktan kendine yük edinir. Zaten birikmiş onca tortusu, yükü varken, yenilerini de kendi ekler durur. Oysa, Yüceliğin iki eli ile yoğurduğu insanın elleri karanlığa değil, aydınlığa uzanmalıydı. Aydınlık, kendi iki elinin de kendisine uzanan eli tutmasıdır. İşte Maşukların sözleri bu aydınlığı fark ettirecek yolları bulabilmemiz için bize ışık tutacak temel cevherlerdir. O sözleri hepimizin bulması dileğimiz olsun.

Rüyalarımızda bile peşimizi bırakmayan şeylerdir sözler. /
Kevser Yeşiltaş

BÂTINÎ KAPILAR HURUF

Kaynakça

Hallac-ı Mansur Ene'l Hakk Gizli Öğretisi, Yeni Edisyon, Kevser Yeşiltaş, Dünya basım Bookcity.Co-UK Londra 2017 ve Türkiye basım Güzeldünya Kitapları, İstanbul 2018

Ledün İlmi Hayy, Yeni Edisyon, Kevser Yeşiltaş, Dünya basım Bookcity.Co-UK Londra 2017 ve Türkiye basım Güzeldünya Kitapları, İstanbul 2018

Hacı Bektaş Veli Işık Eri Hünkar Hacı Bektaş, Yeni Edisyon, Kevser Yeşiltaş, Dünya basım Bookcity.Co-UK Londra 2018 ve Türkiye basım Güzeldünya Kitapları, İstanbul 2018

İbn-i Arabi Arif için Din Yoktur, Yeni Edisyon, Kevser Yeşiltaş, Dünya basım Bookcity.Co-UK Londra 2018 ve Türkiye basım Güzeldünya Kitapları, İstanbul 2018

Ibn 'Arabi The Enlightened are not Bound by Religion, Yazar: Kevser Yesiltash, Çevirmen: Pınar Kaan Karaman, Editor: Clare Duman, Dili: İngilizce, Dünya basım Bookcity.Co-UK Londra 2017

Hallac Mansur, Ene'l Haqq Qadim Bilgi (Azerbaijani Edition), Yazar: Kevser Yesiltash, Çevirmen Ayishe Nebi, Dili: Azerbaycan Türkçesi, Dünya basım Bookcity.Co-UK Londra 2018

Atlanta İşaretli Çocuklar, Kevser Yeşiltaş, Dünya basım Bookcity.Co-UK Londra 2017

Tevhid Sırları Mevlâna Öğretisini Kavramak, Kevser Yeşiltaş, Dünya basım Bookcity.Co-UK Londra 2017 ve Türkiye basım Güzeldünya Kitapları, İstanbul 2018

Senin Adın Aşk, Kevser Yeşiltaş, Dünya basım Bookcity.Co-UK Londra 2014, Türkiye basım Güzeldünya Kitapları, İstanbul 2014.

Senin Adın Aşk, Yazan ve Seslendiren: Kevser Yeşiltaş, Audiobook (Sesli Kitap), Dünya dağıtım Bookcity.Co-UK Londra 2017

Kuantum Fiziği ve Felsefesi, Kevser Yeşiltaş, Türkiye Basım Demos Yayınları, İstanbul 2017

www.kuranmeali.org